Enfrente su adicción y conviértase en héroe

Manual de hábitos nocivos.
Características y cómo superarlos.
Juegos, apuestas, drogas,
alcohol, tabaco, sexo,
internet, comidas y más...

Iván Salvaterra

Ediciones Afrodita

Contenido:

Capítulo 1
¿Qué son las adicciones?

La palabra adicción en sí proviene etimológicamente de la palabra en latín "addictusa" o sea "enfermo", es decir, padecer una enfermedad crónica y recurrente del cerebro que se caracteriza por una búsqueda patológica de la recompensa o alivio a través del uso de una sustancia u otras acciones.

La adicción y la dependencia se utilizan como sinónimos. "La adicción es el deseo incontrolable de un cierto estado de sentimiento, experiencia y conciencia" - esta es la definición oficial de la Organización Mundial de la Salud (OMS). Básicamente, cualquiera puede volverse adicto. La adicción puede referirse a lidiar con sustancias que son potencialmente adictivas. Además, (casi) cualquier forma de comportamiento humano puede convertirse en una adicción (por ejemplo, adicción al trabajo, juego, adicción a la satisfacción sexual, etc.). Toda adicción surge a través del proceso: experiencia - repetición - habituación - abuso - dependencia.

Características de la adicción

La Clasificación Internacional y Estadística de Enfermedades y Problemas Relacionados con la Salud, también conocida como Clasificación Internacional de Enfermedades o, por sus iniciales, CIE, clasifica a las adicciones de la siguiente manera:

Trastorno leve (2-3 criterios de 11), moderado (4-5 criterios de 11) y trastorno severo (al menos 6 criterios de 11) de sustancias con potencial adictivo como alcohol, drogas lega les e ilegales, ciertos psicoactivos, inhalar sustancias; como así también adicciones al comportamiento como la adicción al juego y la adicción a los juegos de computadora.

Estos son los once criterios:

- Uso repetido de sustancias que conduce al incumplimiento de compromisos importantes en la escuela, el trabajo o el hogar.

- Uso repetido de sustancias en situaciones en las que puede haber un peligro físico debido al consumo.

- Consumo continuo de sustancias a pesar de problemas sociales o interpersonales constantes o repetidos.

- Desarrollo de tolerancia caracterizado por un aumento pronunciado de la dosis o un efecto reducido con la misma dosis.

- Síntomas de abstinencia o su alivio o evitación mediante el consumo de sustancias.

- Tomar la sustancia en cantidades mayores o por más tiempo de lo planeado.

- Deseo persistente o intentos fallidos de reducir o controlar el uso de sustancias.

- Se necesita mucho tiempo para adquirir y consumir la sustancia o recuperarse de sus efectos.

- Abandono o restricción de actividades importantes debido al uso de sustancias.

- Uso continuado a pesar de problemas físicos o psicológicos.

- Ansia, o fuerte deseo de sustancia.

Formas de adicción

En términos simplificados, se puede hablar de dos formas:

A) Dependencias relacionadas con sustancias: Adicción al alcohol, al cigarrillo o a las drogas.

B) Comportamiento adictivo: Uso abusivo del teléfono móvil o de Internet, juegos de computadoras o en persona (trastorno de los juegos).

Una adicción no surge de la droga misma, sino que es producto de la interacción entre el tipo de droga, la personalidad individual y las condiciones ambientales.

Los que corren mayores riesgos de ser adictos

Hay personas que tienen un mayor riesgo de desarrollar una dependencia nociva. No solo depende de la "edad de inicio", el tipo de droga, el comportamiento o el entorno, sino también de la situación personal, por ejemplo:

- Poca cohesión social y escasas amistades reales.

- Falta de reglas y normas.
- Vínculo inestable con los padres.
- Frustración debido a calificaciones escolares persistentemente bajas.
- Bajas habilidades sociales, cognitivas y emocionales.
- Experiencias de abuso y violencia.

Especialmente los niños que viven en una familia con padres adictos tienen que cuidarse muy bien. Por supuesto, los niños involucrados también aprenden mucho y algunos de ellos son increíblemente responsables y creativos. Pero las exigencias excesivas, el encubrimiento, la falta de un modelo a seguir ... también aumenta el riesgo de volverse adicto en el futuro.

La exclusión de una dependencia se denomina frecuentemente "recuperación". Hay varias respuestas improvisadas para lograr la recuperación, pero todas ellas en el fondo incluyen una gran tenacidad para dominar a la dependencia de origen.

Tipos de adicciones

Las dependencias con el tiempo alcanzan a la persona y alteran su vida de tal manera que para salir de ellas primero se tiene que aceptar el hecho, y luego solicitar ayuda. Recuperar el control de una dependencia ocurre comúnmente cuando se ha tocado fondo y por fin se comprende que se necesita ayuda de fuentes externas para poder volver a recuperar la libertad. Existen numerosos tipos de dependencias que tienen un impacto devastador en la vida. Algunas de ellas son:

La adicción al alcohol: Es el tipo de dependencia más investigado. El alcoholismo en su conjunto se refiere a la condición por la cual existe una obsesión en el hombre por seguir consumiendo bebidas con contenido alcohólico, lo cual es perjudicial para la salud. La condición de alcoholismo no permite que el adicto tenga ningún control sobre la ingestión a pesar de ser consciente de las consecuencias dañinas que se derivan de ella. Muchas personas que son alcohólicas llevan una larga etapa de negación, ya que beber es, en casi todos los casos, socialmente aceptado. No son pocos los que creen que está bien relajarse al final del día con una bebida en la mano, pero a veces no se dan cuenta que consumen más del promedio socialmente aceptado.

La adicción a fumar: El tabaquismo es el problema de salud pública número uno en todo el mundo, lo que resulta en millones de muertes evitables cada año a nivel mundial. En promedio, los hombres fumadores pierden 13,2 años de su vida y las mujeres fumadoras 14,5 años. Al menos la mitad de todos los fumadores mueren prematuramente debido al tabaquismo. A nivel europeo, la tasa de tabaquismo es de 1: 3, y se estima que 650.000 europeos mueren cada año por fumar.

El tabaquismo se divide en dos tipos: 1) tabaquismo activo, 2) exposición al humo de tabaco ambiental (HTA), que se denomina tabaquismo pasivo. El tabaquismo pasivo sigue siendo una de las principales causas del aumento de la morbilidad y la mortalidad, y a un costo significativo para la sociedad en su conjunto. La exposición al tabaco se divide en tabaco "secundario" o "terciario". El "humo secundario" consiste en aproximadamente el 85% del humo del cigarrillo encendido y el 15% del humo de un fumador. El humo secundario contiene una mayor concentración de sustancias nocivas que la inhalada directamente por el fumador. El "Tabaco terciario" es el tabaco y, en particular, sus componentes, que permanecen en el área como resultado de fumar incluso cuando el fumador se ha retirado del área.

Adicción a las drogas: Las sustancias psicoactivas (drogas) pueden ser legales o prohibidas por la Ley. Entre ellas se encuentran las que tienen efectos, sedantes, estimulantes, alucinógenos o afrodisíacos. Algunas son herbales, es decir, que provienen de una planta. Otras son sintéticas, o lo que es lo mismo, están hechas por el hombre a partir de sustancias químicas. Y también están las que son una mezcla de productos herbales y sintéticos. Entre las drogas más conocidas se encuentran: El LSD, las Anfetaminas, los Disolventes, la Cocaína, el Éxtasis, la Heroína y el Cannabis.

Estas drogas son sustancias psicoactivas, lo que significa que alteran cómo la persona piensa, siente y se comporta. Su efecto en la salud mental es impredecible y existe un alto riesgo de adicción.

El uso de drogas puede tener el efecto de levantar el ánimo, alucinar y, a la inversa, calmar. Por eso, hay mucha gente que las usa con una sensación ligera como "Quiero escapar del cansancio de estudiar y trabajar" y "Quiero emocionarme en las fiestas".

Sin embargo, una vez que se comienza con estos suplementos no se los puede abandonar por propia cuenta. Esto se debe a que el abuso de sustancias conduce a un estado de "adicción a las drogas". En el peor de los casos, los efectos de estas sustancias en el cuerpo pueden ser fatales. Además, es posible que no se pueda vivir normalmente debido a las sanciones sociales.

Adicción a internet y a los juegos en línea: Actualmente, es difícil imaginar la vida cotidiana sin acceso a Internet. El uso de la red abre nuevas posibilidades hasta ahora no disponibles en el mundo real, y la barrera del tiempo y el espacio prácticamente no es un problema. A través de Internet podemos atender multitud de asuntos oficiales, hacer compras sin salir de casa, comprar entradas para un concierto, buscar información sobre cualquier tema sin tener que buscar libros o periódicos, contactar con personas a miles de kilómetros de distancia o aprovechar muchas formas de entretenimiento virtual, como ver una película, leer un libro o jugar juegos de Internet. Muchas personas no pueden imaginar un día sin iniciar sesión en redes sociales, como Facebook o Instagram, donde publican sus fotos todos los días y se comunican con amigos en chats virtuales.

A pesar de todos esos beneficios, Internet también conlleva riesgos, incluida su adicción propia. Todos estamos expuestos a la adicción, pero el grupo de mayor riesgo son los niños y adolescentes que inician su aventura con los portátiles a muy temprana edad y pasan la mayor parte del día en el mundo virtual. Además, la falta de control sobre el tiempo que pasan frente a la pantalla puede llevar a que un niño se vuelva adicto. La adicción a Internet se incluye dentro de las adicciones de comportamiento, donde la persona adquiere un comportamiento que no puede evitar, y que la conduce a resultados sociales y de salud desagradables. El grupo de adicciones conductuales también incluye juegos de azar, incendios provocados patológicos, robos y tirones compulsivos del cabello. La adicción al comportamiento se diagnostica cuando una persona experimenta un malestar psicológico significativo y efectos negativos relacionados con la realización de actividades, en este caso, mientras usa Internet. La adicción no solo afecta a la persona involucrada, sino también a su entorno, ya que la persona adicta poco a poco comienza a descuidar sus relaciones con los demás, así como los deberes escolares y profesionales en favor de estar en línea.

Adicción a los juegos de azar/apuestas: La adicción al juego o la adicción al juego es una enfermedad mental comparable al alcoholismo y la adicción a las drogas. Al igual que con otras adicciones, existe un deterioro en el sistema de recompensa del cerebro. No poder jugar puede provocar ansiedad e irritación.

Otros síntomas de la adicción al juego pueden incluir apostar cada vez más, querer volver a ganar después de una pérdida y pensar constantemente en apostar o dónde conseguir dinero para jugar. Mucha gente juega para reprimir sentimientos negativos como la ansiedad o la depresión.

Este tipo de compulsión afecta en gran medida la vida de la persona expuesta y de quienes la rodean. Para ocultar su adicción, generalmente tiene que mentir incluso a familiares y amigos. Poco a poco, surge una situación en la que los problemas económicos provocados por la adicción tienen que ser resueltos por familiares, lo que perjudica la relación. Cuando el juego se convierte en lo único que importa en la vida, es más fácil cometer un delito para obtener dinero. Este estilo de vida puede significar que ya no pueda trabajar ni estudiar.

Muchas personas con adicción al juego también tienen otros problemas mentales, como ansiedad, depresión o problemas con el alcohol. La situación puede conducir fácilmente a espirales negativas, por lo que el juego aumenta aún más. En muchos casos, la adicción ya no es causada por ganar dinero, sino por el placer de ganar.

Adicción al sexo/pornografía. Cuando se trata de actividad sexual, nadie se va a preguntar cuántas veces está permitido tener relaciones sexuales con su pareja o masturbarse. Por norma general, el ser humano y su organismo están hechos de tal forma que, a más tardar después de practicarlo algunas veces a la semana (dependiendo de la edad), el interés, la motivación y el tiempo van desapareciendo.

Sin embargo, cuando la frecuencia de las relaciones sexuales y las necesidades se vuelven excesivas, aumentan y se salen de control, entonces se puede comenzar a hablar sobre adicción al sexo. Las personas adictas al sexo no pueden dejar de hacerlo. No solo piensan en ello todo el tiempo, sino que también se sienten obligados a practicarlo todo el tiempo. Esta obsesiva necesidad de consumo ocupa una cantidad considerable de tiempo y muchas otras actividades de la vida se descuidan y se convierten en anexos a causa de ello.

Cuanto más joven es la persona, peor. La pornografía corta de raíz la formación de la personalidad de un joven. Si un niño de 10 o 12 años encuentra contenido pornográfico, descubre su sexualidad de una manera inapropiada, incluso patológica, y adquiere una imagen distorsionada de esta importante esfera de la vida. Fácilmente. se vuelve adicto, luego no sabe cómo lidiar con ello.

Adicción a la comida: La mayoría de nosotros, cuando pensamos en la adicción a la comida, tendemos a imaginar casos demasiado extremos. Esto se debe a que el término "adicción" a menudo se asocia con sustancias pesadas como las drogas o el alcohol. De esta manera, podemos pensar fácilmente que alguien que sufre de adicción a la comida debe necesariamente pesar demasiados kilos. Por desgracia, este no es el caso.

Es posible y común que una persona mantenga un peso normal comiendo alimentos poco saludables y al mismo tiempo limitando sus calorías a un mínimo peligroso para controlar sus adicciones, que también pueden ser igualmente insalubre.

Como otras adicciones, puede haber diversas formas de manifestarse la obsesión por contar calorías o limitar la ingesta de alimentos a valores peligrosos. El término de adicción también se puede utilizar cuando ciertos alimentos, como los que sabemos que no son saludables para nosotros, son básicos en nuestro menú.

Para los propósitos de este libro, asumiremos que la adicción a la comida puede manifestarse en todo, desde la obsesión por la comida hasta el deseo incontrolado de ciertos alimentos que conducen a comer en exceso. Literalmente, puede volverse adicto al café de la mañana o al postre después de la cena. Si la persona se priva de esas rutinas diarias, y siente una fuerte sensación de irritabilidad o infelicidad, es probable que esté enfrentándose a una adicción a la comida.

Tratamientos a las adicciones

El asesoramiento o la psicoterapia pueden ayudar a una persona a descubrir las raíces de por qué y cómo comenzó su adicción. El terapeuta puede ayudar a la persona a comprender su adicción con el objetivo de que esto le facilite dejar el hábito. Las terapias conductuales pueden brindar sugerencias sobre cómo manejar los síntomas de abstinencia y cómo superar los antojos. Las terapias se pueden ofrecer de forma ambulatoria o dentro de un establecimiento residencial.

La duración del programa necesario es muy variable y puede cambiar de semanas a años; depende en gran medida de los requisitos y necesidades del adicto. Este tipo de tratamientos es fundamental para superar las adicciones a las compras, los juegos de azar o incluso al sexo y la pornografía. Las adicciones de esta naturaleza son mucho más dañinas social y personalmente que físicamente (a menos que se trate de relaciones sexuales sin protección), ya que la familia y los amigos probablemente no comprenderán la adicción y el adicto puede necesitar ayuda para comprender sus compulsiones.

En soledad

Algunos adictos sienten que son lo suficientemente fuertes como para dejar de lado su hábito sin el apoyo de influencias externas. Elegir esta ruta puede ser extremadamente desafiante, arduo y bastante angustioso. En determinadas circunstancias, como para quienes beben mucho alcohol, en realidad puede ser muy peligroso y no debe recomendarse. Para otros, puede ser la única opción disponible, ya que todas las demás rutas se han explorado y no han tenido éxito.

Medicamentos

Muchos adictos necesitarán la ayuda de sus proveedores de atención médica durante el período de desintoxicación y abstinencia. A veces, los síntomas de abstinencia pueden hacer que el adicto experimente muchos efectos secundarios desagradables que necesitarán tratamiento por parte de su médico de cabecera.

Cualquier adicto que desee dejar su adicción debe explorar todas las vías de cerca antes de elegir un plan apropiado.

Capítulo 2
Alcoholismo

Como hemos citado, el alcoholismo es una enfermedad causada por el consumo abusivo de bebidas alcohólicas y por la adicción que crea este hábito. Incluso si el individuo que está sumido en este vicio se enfrenta al ridículo social, la insistencia familiar por el abandono, la pérdida laboral, los insultos, etc., se encuentra en una circunstancia en la que no puede prescindir del hábito u obsesión que está más allá de su control.

Sus sentidos están completamente bajo la influencia del alcohol y cualquier tipo de esfuerzo que haga para dejar el hábito no funciona. En consecuencia, depende completamente de la bebida.

Un hombre dependiente del alcohol tiene tanta hambre de beber que incluso si se mete en problemas relacionados con el alcohol como conducir ebrio, perder su carrera o a su familia, etc., no se abstiene de seguir con el hábito.

No todo el que ingiere alcohol es alcohólico. Una persona que consume bebidas para adultos en cantidades restringidas y puede decir que NO cuando no desea patinar, no se denomina alcohólico. Él o ella es simplemente un bebedor social.

La adicción al alcohol es más una "enfermedad de la mente". Existen pocos tratamientos médicos para esta afección. Aun así, el alcoholismo se puede tratar eficazmente con la ayuda de diversos planes de rehabilitación y apoyo disponibles.

Características del alcoholismo

Aunque casi el 77% de las personas mayores dicen que beben alcohol al menos una vez al año, la dependencia del alcohol (o alcoholismo) afecta a entre el 6 y el 10% de la población de una ciudad promedio. Contrariamente a muchas creencias populares, no es una "falta de voluntad" o un "defecto de carácter" lo que conduce a la adicción, sino una pérdida de la libertad de abstenerse del alcohol, acompañada de consecuencias médicas, psicológicas y sociales, a veces dramáticas.

En los países desarrollados la adicción al alcohol afecta con mayor frecuencia a los hombres: se cree que el 14% de la población masculina está en riesgo de consumir en comparación con el 5% de la población femenina.

La adicción al alcohol, a menudo se produce de manera insidiosa. La persona que bebe o quienes le rodean pueden tardar varios años en darse cuenta de que existe esta problemática. Suele estar precedido por los llamados hábitos "arriesgados" (como "borracheras", alcoholizaciones ocasionales y masivas), luego hábitos "nocivos" en los que la persona pierde gradualmente el control del consumo.

A más o menos largo plazo, el alcohol se hace cargo y la persona se vuelve dependiente. Primero, se acostumbra al alcohol y desarrolla tolerancia al beber cantidades cada vez mayores para sentir los efectos que busca. Luego llega un momento en que ya no bebe por lo que le da el alcohol sino porque se convierte en una necesidad. Intenta evitar la carencia, que se manifiesta en particular por sudoración, temblores y mareos.

Una vez instalada la adicción, se produce un deseo irreprimible de beber (antojo) y abstinencia, que, al no tomar otro alcohol, puede inducir un síndrome de abstinencia:

ansiedad, temblores, sudoración, inquietud, taquicardia, fiebre, y en la mayoría de los casos graves, convulsiones epilépticas y delirium tremens que pueden ser mortales.

La cantidad de alcohol puede variar de un individuo dependiente del alcohol a otro. Sin embargo, la Organización Mundial de la Salud (OMS) ha establecido puntos de referencia que distinguen el consumo de bajo riesgo del consumo de alto riesgo. Los umbrales límite de consumo son 2 bebidas estándar por día para mujeres y 3 bebidas por día para hombres (y 4 bebidas para eventos especiales). Además, la OMS aconseja abstenerse de beber alcohol al menos un día a la semana.

Reconocer a un alcohólico

Para el alcohólico, la bebida se convierte en uno de los pilares de su vida y le resulta difícil pensar en vivir sin ella. Cuando se detiene, se debilita por la ausencia de esta muleta y tiene que afrontar dificultades que el alcohol le permitió ocultar. Hay ciertos signos que permiten reconocer una adicción:

- El consumo de alcohol es cada vez más frecuente.
- Las cantidades de alcohol que se beben son cada vez más importantes.
- Aparecen consecuencias negativas (conflictos, dificultades para asegurar sus días...) que se vuelven cada vez más numerosas.
- Detener el consumo es cada vez más difícil.
- La necesidad de beber es más fuerte y aparece con más frecuencia.
- Hay signos de abstinencia cuando se detiene: temblores, sudoración ...

- El consumo de alcohol también puede volverse problemático si cambia el comportamiento y las relaciones con los seres queridos.

Causas

El alcoholismo es una enfermedad neurobiológica que afecta el circuito de recompensa neurológica del cerebro. Cuanto más alcohol se consume en grandes cantidades y/o con frecuencia, más aumenta en el cerebro el umbral de tolerancia, es decir, demanda más alcohol. Gradualmente, la adicción se establece y la persona ya no puede prescindir de ella, incluso hasta el punto de experimentar síntomas de abstinencia cuando se detiene.

Perfiles en riesgo

No todo el mundo es igual en lo que respecta al alcohol: género, edad, herencia genética, antecedentes socioeconómicos y culturales y ciertos trastornos mentales contribuyen al riesgo de volverse dependiente de la bebida. Las mujeres y los adolescentes son más vulnerables al alcohol. Los estudios de gemelos y familias donde la dependencia del alcohol es común han demostrado que ciertos genes pueden representar del 50 al 60% de la predisposición de una persona a volverse adicta. Las personas que crecieron en la pobreza consumen más bebidas alcohólicas que las personas de clases sociales más favorecidas. Además, las personas que padecen psicosis (esquizofrenia, por ejemplo), ansiedad generalizada, fobias o trastorno obsesivo-compulsivo, parecen tener una mayor vulnerabilidad al alcohol, lo que es doblemente riesgoso, ya que, la mezcla de alcohol con ciertos medicamentos puede provocar náuseas, vómitos, dolor de cabeza, letargo, desmayos o pérdida de la coordinación. También podría generar el riesgo de sufrir hemorragias internas, problemas del corazón y dificultades respiratorias.

Consecuencias para la salud

El alcoholismo provoca distintos trastornos según sea reciente o antiguo y según la cantidad de alcohol ingerida. A corto plazo, es probable que provoque patologías como úlceras, reflujo gastroesofágico, hepatitis, náuseas y vómitos. A medio y largo plazo provoca patologías neurológicas, enfermedad hepática grave, cirrosis etílica, pancreatitis, problemas cardíacos y trastornos de la libido (deseo sexual). Además, el alcohol aumenta considerablemente el riesgo de accidentes en la vía pública y tiene importantes consecuencias psicológicas y sociales (aislamiento, depresión, ansiedad, intentos de suicidio, violencia, trastornos en las relaciones, etc.).

Cómo se puede tratar

El único requisito para recibir tratamiento por adicción al alcohol es que la persona afectada desee salir del abuso de esta sustancia.

Diversos centros de rehabilitación en todo el mundo ofrecen tratamientos dirigidos a toda la vida de la persona en cuestión y no solo a los síntomas. Esto exige identificar la causa base de la dependencia y eliminarla.

Los centros de desintoxicación tienen sesiones terapéuticas donde el paciente es guiado suavemente para que abra sus preocupaciones y temores al nivel más profundo. Esto ayuda a descubrir la causa básica del hábito. Luego se elabora un programa de tratamiento favorable que permite al paciente superar su adicción y continuar hacia una vida sana y satisfactoria.

La orientación nutricional puede ayudar después de que una persona abandona el hábito de beber. Generalmente, se le evalúa para recibir asesoramiento y se le informa sobre la dieta a seguir para que recupere su estado corporal.

Un buen tratamiento alternativo incluye la acupuntura. Esto ha resultado exitoso en muchos casos. Los acupunturistas instruyen a los pacientes para que lo tomen como tratamiento de apoyo junto con otros métodos.

El problema con muchos alcohólicos es que una vez que dicen que van a dejar de beber, siempre es para alegrar a alguien más, como un compañero, un hijo o incluso a un amigo cercano.

El problema es que, si no lo hace para él, no va a ganar. ¿Cómo? Porque todo se reduce a que nadie en este universo es más importante para usted, que usted mismo.

Si usted es el que tiene problemas con la bebida, debe entender que el mejor incentivo que existe, es aquel en que uno obtiene algo. Por lo tanto, nada de lo que se haga por otra persona gratificará más, de aquello que usted consigue para sí mismo. Dicho de otra manera, si va a dejar de beber... hágalo por usted. No lo haga por otra persona, porque solo estará buscando su aprobación.

Ejercicio físico

Es fundamental hacer ejercicio de forma regular cuando se sigue un plan para dejar de beber. Pero, ¿por qué? La respuesta es simple. Aquellos que hacen ejercicio de forma constante mientras están en un programa para dejar el alcohol tienen menos probabilidades de recaer y empezar a beber de nuevo. La razón principal es la tensión. El ejercicio realmente reduce el nivel de estrés ... y si se está en un plan de salud integral, es un motivo más para no estropearlo bebiendo.

Recompensa

Esto realmente funciona para casi cualquier cosa en la vida. Si se tiene problemas para abandonar la bebida, la recompensa diaria con algo que no sea bebida, para festejar un logro, es importante. No tiene que ser nada elegante como un automóvil o un barco nuevo. Puede ser algo simple como una cena, un viaje al centro comercial, una golosina, o cualquier cosa que se aprecie como deseable.

Al recompensarse el adicto, diariamente, cuando no bebe, le brinda la bonificación que necesita para continuar. Lo que se puede hacer es organizar publicaciones de destino como 1 día, 7 días, 14 días, 30 días, etc., sin emborracharse. Para cada poste de la meta, corresponde un refuerzo positivo en forma de premio.

Ciertamente, el refuerzo por 30 días debería ser mayor que la recompensa por 1 día. Está bien ... se lo ha ganado. Mantener estas recompensas mantienen al adicto en su lucha contra el alcoholismo.

Funciones diarias

Una de las peores cosas para un alcohólico es no tener cosas que hacer. Las manos ociosas son el taller de Satanás. Así que hay que fabricar tareas diarias para estar ocupado. Las mismas deben escribirse y marcadas a medida que van siendo completadas.

De hecho, se puede combinar esto con el sistema de recompensas. Por cada tarea que se completa, se otorga un auto premio con algo pequeño. Cada segundo que no se tenga nada que hacer es otro segundo en el que se estará tentado a tomar un trago.

Y no se debe saltear ningún día. Hay que asumir el hábito de hacer un horario en cada noche para el día siguiente. Después de un tiempo, esto se convertirá en una segunda naturaleza para el que desea dejar el alcohol.

Tomar un pasatiempo

Empezar con algo nuevo que nunca antes se haya logrado o intentado es buena terapia. Tomar clases de guitarra, aprender a jugar al ajedrez. Hay tantas cosas maravillosas en el mundo en las que se puede dedicar tiempo en lugar de una botella.

Se debe abrir el cerebro y saborear las muchas cosas que el cosmos tiene para proporcionar ... música, creación artística, ciencia, historia, diversión ... la lista es interminable.

La consulta con especialistas

Es posible dejar de beber solo, sin ayuda externa. Sin embargo, los riesgos asociados con el síndrome de abstinencia pueden ser elevados y causar problemas más graves que los síntomas habituales de la falta de alcohol. Es por ello que antes de cualquier parada es recomendable acudir a un profesional de la adicción, o su médico tratante, para hacer un balance de la situación y establecer un protocolo de recuperación adecuado. Se puede plantear una abstinencia con o sin hospitalización, así como una reflexión sobre el lugar que ha tomado el alcohol y los motivos que conducen a este consumo. La atención integral es fundamental, ya que el consumo de alcohol nunca es un problema aislado en la vida de una persona.

Diagnóstico y pruebas

El diagnóstico de alcoholismo se puede realizar fácilmente a través de cuestionarios en donde el paciente evoca la pérdida de control de su consumo, los síntomas de abstinencia y las ganas de consumir. Los cuestionarios se basan en una serie de preguntas relacionadas con el análisis del consumo durante los doce meses anteriores.

Los exámenes biológicos permiten evaluar las consecuencias del consumo:

- Macrocitosis, es decir, aumento del volumen de glóbulos rojos en sangre.
- Aumento en el nivel de gamma GT (gamma glutamil transpeptidasas o gamma glutamil transferasas).
- La presencia de alcohol en el torrente sanguíneo es un signo de ingesta reciente de alcohol.
- El aumento de CDT (o transferina deficiente en carbohidratos) refleja el consumo de los últimos 3 meses en promedio.
- Deficiencias de vitamina B1.

Tratamientos para curar el alcoholismo

Como hemos dicho, el tratamiento del alcoholismo requiere la conciencia del problema por parte del paciente y su adherencia al manejo. Se inicia con el establecimiento del destete, más o menos paulatino con objetivos de reducción del consumo y seguimiento periódico. El paciente puede estar acompañado por un ex adicto y/o un psicólogo, un psiquiatra, el médico tratante, un hepatólogo o un gastroenterólogo, por ejemplo. Algunos grupos de apoyo como Alcohólicos Anónimos (AA), pueden ayudar a prevenir una recaída proporcionando apoyo psicoterapéutico. Finalmente, existen medicamentos que disminuyen la necesidad de consumir alcohol y limitan las recaídas a largo plazo como Revia, Aotal, Baclofeno o Selincro. En algunos casos, se puede ofrecer hospitalización o tratamiento en un centro de salud para limitar los riesgos en el momento de la servidumbre y trabajar en la prevención de recaídas a largo plazo.

¿Qué sucede en el cuerpo cuando deja de beber?

Dejar el alcohol tiene varios efectos en el cuerpo, especialmente en el cerebro, pero también en el peso, la piel y el estado psicológico de la persona que recupera la confianza en sí misma.

Remedios naturales

Ciertas plantas con propiedades relajantes como la valeriana o el espino pueden ayudar a controlar la ansiedad, al igual que un tratamiento homeopático, pero nunca reemplazarán la atención médica necesaria durante las recaídas. Así que hay que tener cuidado con los remedios naturales en caso de dependencia del alcohol, porque la abstinencia de bebidas sin supervisión médica puede conllevar el riesgo de complicaciones muy graves como epilepsia y delirium tremens.

Mantener la abstinencia es una construcción del hora a hora. Cada día sin beber es una nueva victoria. Dejar de beber es un proceso difícil de tomar, pero gradualmente permite mejorar la autoestima y la relación con las personas cercanas.

Capítulo 3
Tabaquismo

Entre los indicadores más fuertes de que la nicotina es adictiva se encuentra la diferencia entre el deseo de dejar de fumar y las tasas de éxito en lograrlo. Las encuestas han demostrado que la mayoría de los fumadores, aproximadamente el 70%, desea abandonar el hábito, pero la tasa de éxito sigue siendo muy baja.

La adicción al tabaco es más fuerte y dura de lo que la mayoría de las personas cree, ya que fumar altera la estructura y función del cerebro. Para algunas personas, fumar puede ser tan adictivo como la cocaína o la heroína.

Fumar provoca una liberación de dopamina en el cerebro, lo que resulta en sentimientos de alegría. La heroína y el crack tienen las mismas fuerzas en el cerebro.

Si un fumador típico de un paquete al día toma diez "caladas" de cada cigarrillo, eso equivale a doscientas "caladas" de fumar en el cerebro todos los días.

Con el tiempo, se necesita fumar más para alcanzar el mismo nivel de alegría. Si el cerebro deja de fumar lo que quiere, sentirá ansia desesperadas que son difíciles de superar solo con la fuerza de voluntad.

Si cien personas experimentan con el alcohol o la cocaína, unas quince se volverán adictas; si cien personas experimentan con el tabaquismo, unas treinta y dos se volverán adictas.

El hábito de fumar

Los hábitos de fumar van de la mano con la adicción al tabaco e incluyen personas, lugares y actividades, cosas que nos rodean e incluso estados de ánimo relacionados con el consumo de tabaco. Estas afiliaciones actúan junto con la adicción al tabaco para reforzar la dependencia del mismo. Por ejemplo, fumar luego del desayuno, antes de salir al trabajo, cuando se sienta a ver televisión, etc.

Los antojos de abstinencia de fumar no terminan después de haber fumado el último cigarrillo. Aumentan debido a la adicción al hábito de fumar. Para acabar con él, se necesita superar la adicción física al tabaco en el cerebro.

La dependencia del tabaco y su factor principal, la dependencia del tabaquismo, son trastornos médicos crónicos progresivos similares a la dependencia de otras sustancias adictivas.

Dejar de fumar

Un estudio determinó que más del 90% de los que intentaron dejar de fumar "de golpe" volvieron a fumar dentro de los seis meses.

La Terapia de Reemplazo de Fumar (NRT) alivia los antojos de fumar y podría duplicar las posibilidades de éxito.

Los que tienen cuatro veces más probabilidades de intentar dejar el hábito son aquellos que tienen accesibilidad a los parches de nicotina, los chicles de nicotina y los inhaladores. Cuantas más técnicas se utiliza para dejar de fumar, mayores son las sus probabilidades de éxito.

El consumo de tabaco es la principal causa de muerte prevenible en los EE. UU. Si no se controla, fumar podría matar a más de mil millones de personas en este siglo. Eso equivale al número de personas que morirían si un Titanic se hundiera cada veinticuatro minutos durante los siguientes 100 años.

Sin embargo, podría ser más difícil que nunca dejar de fumar: tres cuartas partes de los consumidores de tabaco de hoy que intentan deshacerse del hábito están fuertemente adictos a la nicotina, un treinta y dos por ciento más que hace casi 20 años.

Entonces, dejar de fumar, para la mayoría, no es simplemente una cuestión de autocontrol. Aun así, las razones para hacerlo siguen acumulándose, y no se tratan solo de cardiopatía, cáncer de pulmón o problemas respiratorios.

Fumar en la mediana edad está asociado con problemas de memoria y con un deslizamiento en la capacidad de razonamiento, aunque estos riesgos disminuyen en aquellos que dejaron de fumar durante mucho tiempo.

También puede provocar diabetes. Los fumadores tienen un cuarenta y cuatro por ciento más de probabilidades de desarrollar diabetes tipo 2 que los no fumadores.

Hay datos realmente sólidos que muestran que el riesgo de infección por bacterias que causan neumonía es considerablemente mayor para los fumadores que para los no fumadores. También hay estudios que demuestran que fumar podría aumentar de forma independiente la probabilidad de que un hombre tenga una condición sexual disminuida.

El tabaquismo no solo contribuye a la aparición de arrugas faciales prematuras, sino que también puede provocar pliegues en la piel que rara vez salen a la luz.

Así mismo puede acelerar la menopausia, opacar la visión, dañar los huesos y ser causa de osteoporosis.

Los cigarrillos pueden dañar el sistema gastrointestinal y provocar acidez de estómago, úlceras pépticas y posiblemente cálculos biliares. Además, puede sofocar el sueño y crear insomnio.

Dejar de fumar en los sitios sociales

Investigaciones recientes han demostrado que es más probable que se deje el hábito de fumar si las personas de la red social del fumador también intentan dejar el hábito al mismo tiempo.

En general, cuanto más estrecha es la relación entre los contactos, mayor es la influencia si una persona deja de fumar. Si uno de los cónyuges deja de fumar, por ejemplo, las posibilidades del otro cónyuge de seguir fumando disminuyen en un 67%.

Entre los conocidos, el efecto es del 36%. Entre compañeros de pequeñas empresas, 34%. Entre los hermanos, el efecto es del 25%. Los vecinos no parecen tener suficiente influencia en este estudio, pero no significa que no influyan.

Sorprendentemente, las personas interesadas en el mismo objetivo dejan de fumar más o menos al mismo tiempo, y grupos enteros se vuelven no fumadores. En esencia, los grupos pequeños estrechamente conectados resultan en cambios de comportamientos.

Naturalmente, las campañas públicas contra el tabaquismo y la educación también participan en la reducción del número de fumadores.

Hablar sobre la adicción

Fumar tabaco es tanto un hábito psicológico como una dependencia física. El acto de fumar está profundamente arraigado como un ritual diario y, al mismo tiempo, la nicotina de los humos proporciona un subidón temporal y adictivo.

Eliminar esa dosis regular de nicotina hará que el cuerpo experimente síntomas físicos de abstinencia y antojos. Para dejar de fumar con éxito, se tiene que abordar tanto el hábito como la adicción modificando el comportamiento y lidiando con los síntomas de abstinencia de la nicotina.

Algunas veces, realmente ayuda hablar con especialistas sobre el tema. Dejar de fumar no es simple, y vale la pena recibir buenos consejos que ayuden mientras se intenta dejar el hábito.

Al descubrir el procedimiento que más conviene, se tiene mayores posibilidades de éxito.

Tipos de apoyo para dejar de fumar

Los grupos de apoyo están a cargo de consultores experimentados, capacitados para ayudar a los fumadores a dejar el vicio. Los grupos fijos suelen tener lugar durante varias semanas, con una sesión semanal de 1 hora. Los grupos continuos se despliegan por sesiones, y los asistentes deciden cuándo se presentan.

Apoyo individual

El soporte uno a uno también es una opción. Las sesiones que duran al menos 20 minutos se llevan a cabo durante varias semanas.

Es fundamental recordar que no se puede hacer que un amigo o un ser querido deje de fumar; la decisión tiene que ser de ellos. Sin embargo, si toman la decisión de hacerlo, se les puede brindarles apoyo y aliento e intentar aliviar la tensión de abandonar el hábito.

Hay que analizar las diferentes opciones de tratamiento disponibles y hablarlas con el fumador; simplemente se tiene que tener cuidado de no predicar ni juzgar. Asimismo, se puede ayudar a un fumador a superar los antojos participando en otras actividades con él y teniendo a mano sustitutos de fumar, como goma de mascar y dulces.

Si un ser querido se desliza o descuida, no hay que hacerlo sentir culpable. Hay que felicitarlo por el tiempo que ha pasado sin fumar, y animarlo para que vuelva a intentarlo. Muchos fumadores necesitan varios intentos para dejar de fumar definitivamente.

Muchos fumadores prueban su primer cigarrillo alrededor de los 11 años, y varios son adictos cuando cumplen los 14. Esto puede preocupar a los padres o tutores, pero es crucial apreciar los desafíos únicos y la presión de grupo que enfrentan los adolescentes cuando se trata de rechazar un cigarrillo. Si bien la decisión de dejar de fumar debe provenir del mismo fumador adolescente, todavía hay muchas formas de ayudar.

Tratamiento

Menos del 11% de los fumadores pueden dejar de fumar sin algún tipo de terapia, según las últimas guías. Sin embargo, el tratamiento de persona a persona (que se encuentra en la atención hospitalaria) aumenta la tasa de éxito promedio a alrededor del 17%.

Sin duda, la medicación es eficaz para controlar los síntomas de abstinencia. Sin embargo, todavía se necesita mucho esfuerzo y terapia conductual para lograr el éxito.

Aunque los estudios encuentran que la psicoterapia grupal ayuda en gran manera, debido a que la persona no se encuentra lidiando sola con el problema, y observa que su situación es similar a la de muchos, las terapias individuales son más fructíferas, ya que se adaptan específicamente a cada paciente.

En el interesado, la terapia guiada es mucho más beneficiosa. Los pacientes necesitan un plan personalizado simplemente para ellos. Eso es algo que no se puede obtener en Internet o por teléfono.

La terapia de persona a persona es útil para los fumadores que se sienten incómodos al abrirse en un entorno grupal. Es simplemente como una visita al médico. No tienen que preocuparse por su orgullo y pueden expresar abiertamente sus frustraciones.

¿Qué ocurre en una sesión de tratamiento hospitalario?

Es difícil saber con precisión qué esperar en una sesión de persona a persona. No existe un plan único para todos.

En general, la primera orden del día es acordar una fecha en la que se pretende dejar de fumar y discutir cómo prepararse para ella. Se discute lo crucial que es deshacerse de todos los accesorios para fumar, cigarrillos, ceniceros y fósforos. Algunos consejeros también pueden sugerir que informe a sus conocidos y seres queridos sobre su decisión para obtener apoyo.

Cuando se fija una fecha para dejar de fumar, los consejeros suelen pedir a los fumadores que se centren en los comportamientos y factores estresantes que los ponen en riesgo de encender un cigarrillo. Una forma de lograr esto es hacer que los fumadores recorran visualmente su día y hablen sobre cuándo y dónde adquieren la necesidad de fumar. Algunos consejeros pueden recomendar llevar un registro de esto en un diario (Ediciones Afrodita posee varios de estos registros en línea)

Fumar es una parte implantada en la vida de los fumadores. El tratamiento puede ayudar a alterar ese hábito al centrarse en las situaciones o emociones que influyen en las personas para fumar.

La importancia de la educación y la prevención de la nicotina

La dependencia del tabaquismo, como la adicción al alcohol, es una verdadera enfermedad y dolencia mental.

Si bien es posible detener total y cómodamente la adicción a las sustancias químicas, la verdad es que no hay cura definitiva. La lucha será permanente, y como en el caso de los bomberos, se debe hacer una "guardia de cenizas". Al igual que la adicción al alcohol, hay simplemente reglas a seguir para no caer en la tentación.

Una vez que la persona se libera de la adicción, la supervisión debe estar a mano. No se trata de cuánto autocontrol se tenga, sino de cómo sortear con las prioridades que el cerebro aprendió durante años como fumador, y que predispone a recaídas.

Entonces, ¿por qué algunas personas o fumadores sociales, pueden tomarlo o dejarlo, mientras que el resto se sigue enganchando? Los llamados "astilladores", plausiblemente representan menos del diez por ciento de todos los que han probado el tabaco. Eso es con lo que las mentes adictas tienden a soñar, a desear volverse como ellos, a dominar lo que para muchos es ingobernable.

Hay que tener en cuenta que cada fumador, en una época también fue un "astillador", al menos en sus primeras experiencias con cigarrillos, ya que en él no había impulso, anhelo, hambre o deseo por esas primeras bocanadas de humo. Fumar estimula el sistema nervioso, haciendo que el cerebro solicite que se regrese por más.

Muchas personas se enganchan cuando son jóvenes o adolescentes. Lo que ninguno de ellos sabía antes de la primera dosis de nicotina era lo altamente adictivo que era. Aproximadamente el veintiséis por ciento de los fumadores comienzan a perder el control sobre seguir fumando después de solo 3 a 4 fumadas, aumentando al 44% después de fumar 5 a 9.

Tampoco sabían que era dentro de los 10 segundos de esa primera bocanada, que hasta el cincuenta por ciento de los receptores de acetilcolina de la vía de la dopamina de nuestro cerebro se ocuparían de nicotina, o que antes de terminar ese primer cigarrillo, la nicotina saturaría casi a todo ellos.

La honorable noticia es que el conocimiento es poder, que cada uno puede volverse más inteligente de lo que es frente a la adicción, que la recuperación total es totalmente factible para todos. De hecho, hoy en día hay más exfumadores que fumadores en Estados Unidos.

Si deseas conocer más sobre los tratamientos efectivos para dejar de fumar, le invito a leer mi libro "Mi último cigarrillo" en donde abordo en profundidad esta problemática y el camino para dejar el hábito

Adicción a la nicotina

La propiedad incomparable que muestra la naturaleza adictiva de la nicotina no es cuán difícil o simple es dejar de fumar, ni cuán fácil o difícil es para una persona mantenerse alejada de la nicotina. La única propiedad verdadera que presenta el poder de la adicción es que, independientemente del tiempo que una persona esté desconectada, una bocanada y esa declaración de detenerse pueden irse por la ventana.

Nunca intente decirse a sí mismo que no era adicto. Fue adicto a la nicotina todos los años que la usó y ahora también es adicto a ella. Sin embargo, como exfumador, la adicción se vuelve asintomática. Para mantenerlo así y estar siempre al mando, ¡recuerde no volver a fumar nunca más!

Sé que si es fumador puede resultarle difícil dejar de fumar. Sin embargo, si desea dejar de hacerlo, lo hará. Tendrá la fuerza de voluntad para hacerse cargo. Fumar no es bueno para nadie.

Terapia de sustitución de fármacos

Esto incluye sustituciones de nicotina y metadona. No todos los adictos lo verán como una alternativa adecuada, porque algunos creen que es tener que abandonar una sustancia dos veces. Los fumadores resultan heridos por los productos químicos y el alquitrán del tabaco, aun así, es la nicotina la que crea el hábito, así que ¿por qué someterse a la obligación de vencer la dependencia de las sustituciones de nicotina? Esto suena legítimo, pero el hecho es que las dosis de la terapia de sustitución de la nicotina pueden modificarse para que el usuario pueda dejar de usarlo paso a paso. Todavía se necesita un fuerte elemento de control, pero para aquellos que son fumadores empedernidos; esta es una opción muy válida. Sin embargo, debe tenerse en cuenta que se sabe que la metadona es extremadamente adictiva y muchas personas necesitan el apoyo de la metadona para su uso a largo plazo.

Prevenir una vida poco saludable

Algunas personas comienzan a fumar porque piensan que es algo genial y sus amigos están impresionados. Creen que les hace parecer maduros. Lamentablemente, muchas personas comienzan a fumar a una edad temprana, y muchas terminan con bronquitis, problemas respiratorios, cáncer y enfermedades pulmonares, etc. Cuando éramos adolescentes, pensamos que era genial, ya que todos nuestros amigos lo estaban haciendo. Podíamos haber adquirido el hábito al ver fumar a nuestros padres o abuelos.

Cómo le afecta fumar:

Nadie sabe qué le pasará a usted si no deja de fumar hasta que llegue el momento de saberlo. Es posible que tenga cáncer en la boca, en los pulmones, es posible que tenga dificultades para respirar, latidos cardíacos rápidos, es posible que tenga problemas para caminar por la habitación. Le pueden pasar muchas cosas si no deja ese hábito. Irónicamente, sin embargo, algunas personas fuman durante años y no les pasa nada. Sin embargo, a lo largo del tiempo, estas personas se sienten lentas, cansadas y con frecuencia se resfrían con más frecuencia.

Las ventajas de dejar de fumar:

Solo piense que si deja de fumar no tendrá que preocuparse por el olor en su casa, en su automóvil o en su ropa. No tendrá esos desagradables ceniceros para vaciar o lavar. No tendrá que oler nada más que el aire que respira.

Algunas de las razones por las que las personas no dejan de fumar es porque creen que aumentarán de peso. Eso es parcialmente cierto, ya que, al dejar el hábito, la ansiedad calmada por el cigarrillo busca un reemplazo, y si a eso se le suma que las papilas gustativas se van recuperando, y el olfato se restablece, lo lógico es que se busque en la comida la calma ansiada. No obstante, eso dura poco tiempo, y contrariamente a las ideas, fumar hará se aumente de peso a medida que se envejece. Para mejorar la vida personal, se debe tomar medidas para proteger la salud en general, lo que incluye mantener el peso y dejar de fumar, etc. Los pasos que se tomen, llevarán a un futuro más saludable y a una conclusión exitosa.

Si le resulta difícil vencer el hábito, le recomendamos que aprenda sobre las drogas que contienen los cigarrillos. Si no es suficiente para asustarlo para que se detenga ahora, entonces considere su futuro, viviendo con tanques de oxígeno o de soporte vital.

Conceptos básicos para romper viejos hábitos

El cambio se trata de resultados. Si deja de fumar y comienza una vida satisfactoria, eso es bueno. Si está intentando recuperarse de una adicción, lo mejor que puede hacer es hacer lo que mejor le convenga. En lugar de tomar una línea dura sobre lo que se necesita lograr para recuperarse, la sabiduría tradicional dice que debe explorar y encontrar lo que funciona mejor.

Donde empezar

Si alguien le familiariza con un programa, cualquier plan, debe ser realista al respecto. Reconozca que cualquier plan de cambio es realmente solo una colección de sugerencias. Si un plan de cambio va a funcionar para usted, ¿cree que son las sugerencias reales del programa las que generan los resultados, o cree que los resultados se basan más en sus acciones personales? ¿Qué tan complicado es un plan de cambio? No es lo que hace; es como lo logra. Considere en qué consiste realmente un gran plan de cambio. Podríamos desglosarlo así:

1) Abstinencia
2) Un plan para vivir
3) Soporte y trabajo en red (ayudando a otros)
4) Maduración personal

Los individuos fracasan en el cambio una y otra vez. Pero mi punto es que no hay un gran misterio en el plan en sí. Las respuestas están en la acción. Hay un cambio que ocurre una vez que el adicto que lucha al principio ya no está combatiendo por permanecer libre de nicotina; descubre una paz particular en sí mismo y las cosas comienzan a hacer clic para ellos.

O eso o recaen. Sin embargo, la idea de transición es real.

El cambio se divide en corto y largo plazo. Para empezar, hacemos cosas particulares para mantenernos limpios. Si no modificamos nuestra estrategia con el tiempo y hacemos la transición a un cambio a largo plazo, recaemos. Debemos cambiar para lograrlo a largo plazo.

Debemos lograr cosas particulares al principio para mantenernos limpios. Son cosas diferentes para todos, pero los preceptos son los mismos: necesitamos un sistema de apoyo fuerte, mucha estructura; algunos requieren protección del mundo exterior (como un centro de tratamiento). Aun así, estas cosas no lo mantendrán limpio dentro de 5 años o incluso dentro de un año. Aquellos que no cambian a una vida holística a largo plazo, inevitablemente volverán a sus viejos comportamientos.

Nadie sabe con certeza cuando se pasa de un cambio corto al largo. Simplemente ocurre. Puede mirar hacia atrás, naturalmente, y descubrir cómo creció en el escenario.

Entonces, ¿cómo podemos saber qué hacer? ¿Cómo podemos ayudar al cambio? La respuesta a esto es de qué trata la teoría originaria. La respuesta está en las 3 técnicas principales:

1)   Fomentar la autoestima y fortalecer la fuerza de voluntad.
2)   Redes de contactos, sanos y predispuestos a colaborar.

3)	Impulsar la maduración holística

En particular, el impulso a la maduración integral es un componente crítico de la transición. Sin embargo, no estoy tan seguro de que pueda planificar este tipo de crecimiento específicamente. Lo que es crucial es superar la mentalidad de "Me enfocaré en mi plan y no me distraeré con la educación, la carrera o cosas adicionales en este momento". Muchos planes tradicionales no fomentan la maduración integral, por lo que, si se enfoca sólo en dejar de fumar, lo hará excluyendo oportunidades de crecimiento adicionales, y eso, a largo plazo puede ser negativo.

Toda maduración implica cambio. O avanzamos en el cambio o retrocedemos.

Entonces, mi opinión es buscar oportunidades de crecimiento integral desde el principio. Encuentre formas de diversificar y crecer o aprender por fuera de los límites del "cambio tradicional". Esto puede incluir cosas como la aptitud física, la nutrición, la meditación, el entrenamiento, las artes, el aprendizaje de nuevas habilidades, la construcción de nuevas relaciones, etcétera.

Aún en la vida holística, la maduración puede ser expansiva y no lineal. Independientemente del programa en el que esté trabajando, la mayoría de las personas no crecen a un ritmo regular en el cambio. Muchos de nosotros damos vueltas por un tiempo para empezar, tratando de encontrar nuestro equilibrio y simplemente superar los antojos y los impulsos de todos los días. Más adelante, una vez que hemos realizado intentos de crecimiento holístico, nuestra maduración en el cambio puede ser explosiva.

En otras palabras, a veces tenemos que atravesar un momento difícil en el cambio ya que vemos pocos resultados en nuestros intentos. La recompensa llega eventualmente una vez que todos nuestros intentos de maduración integral comiencen a dar sus frutos.

El único enemigo real del cambio a largo plazo es la complacencia. Después de vivir sin nicotina, ya no luchamos con los impulsos diarios o incluso con las amenazas más esquivas de cambiar, como los resentimientos o la autocompasión. Más bien, el verdadero desafío en el cambio a largo plazo es seguir desafiándonos a nosotros mismos para madurar.

Una vez que estamos comenzando con el cambio, hay algunos asuntos de alto impacto que podemos hacer para comenzar con el pie derecho. Por ejemplo, no dejar pasar un día sin completar la terapia, no dejar de asistir a las reuniones con el terapeuta, o examinar la literatura sobre cambios o redactar un trabajo escalonado.

Lo mejor es desafiarse uno mismo para madurar en el cambio y desarrollarse como un ser espiritual. ¿Qué implica esto? Significa que en lugar de deshacerse de los problemas y lloriquear en privado, debería gastar su energía de manera más rica a medida que avanza en el cambio. Una forma de lograrlo sería brindar ayuda a los demás con la adicción.

Consejos nutricionales para vencer los antojos de fumar

El azúcar en sangre cae en picado en muchas personas cuando dejan de fumar por primera vez. Los efectos secundarios más comunes experimentados durante los primeros días con frecuencia se remontan a los problemas de azúcar en la sangre. Síntomas como dolor de cabeza, incapacidad para concentrarse, vértigo, distorsiones en la detección del tiempo y el omnipresente gusto por lo dulce que muchos encuentran, están frecuentemente asociados con esta caída de glucosa.

Los síntomas de un nivel bajo de azúcar en sangre son esencialmente los mismos síntomas que los de no obtener suficiente oxígeno, similares a las reacciones que se experimentan a gran altura. La razón es el bajo suministro de azúcar o de oxígeno, lo que significa que el cerebro está recibiendo un combustible incompleto. Si tiene mucho de uno y no del otro, su cerebro no puede funcionar a nivel óptimo. Una vez que deja de fumar, los niveles de oxígeno suelen ser mejores; sin embargo, con un suministro modificado de azúcar, no puede alimentar adecuadamente su cerebro.

Esta es la razón por la que muchas personas realmente se atiborran de comida al dejar de fumar. Empiezan a sufrir una baja de azúcar en sangre e instintivamente se apoderan de algo dulce. Al terminar la comida, todavía sienten síntomas. Por supuesto que lo hacen, les toma un momento o dos comer, sin embargo, el azúcar en la sangre no sube por otros 18 minutos. Como no se sienten mejor al instante, devoran un poco más. Continúan comiendo cada vez más, momento tras momento hasta que por fin comienzan a sentirse mejor.

Nuevamente, si están esperando que suba la glucosa en sangre, estamos hablando de 20 minutos después de la primera ingesta. Las personas pueden comer mucha comida en 20 minutos. Sin embargo, comienzan a confiar en que esta era la cantidad necesaria para sentirse mejor. Esto puede repetirse muchas veces a lo largo del día, lo que hace que se ingieran muchas calorías y que induzca que el aumento de peso se convierta en un riesgo real.

Una vez que se deja de fumar de forma abrupta, el cuerpo se encuentra en una especie de estado de pérdida, sin querer trabajar normalmente, ya que no ha funcionado normalmente por mucho tiempo. Sin embargo, generalmente para el tercer día, el cuerpo se reajustará y abandonará el azúcar según sea necesario. Sin consumir más, el cuerpo simplemente resolverá cómo controlar el azúcar en la sangre de manera más eficiente.

Sin embargo, es posible que se tenga que cambiar los patrones dietéticos a uno que sea más regular para cada caso en particular. Regular no es lo que se era como fumador, sino más bien lo que se era antes de empezar a fumar. Algunas personas, mientras fumaban, podían pasar la noche sin comer. Si intentan el mismo proceso que como ex fumadores, tendrán efectos secundarios de bajo nivel de azúcar en sangre.

No es que haya algo malo con ellos ahora; anteriormente eran anormales para todos los propósitos pragmáticos. Esto no significa que se deba consumir más alimentos, sin embargo, puede significar que se deben redistribuir en un patrón más disperso para que se reciba la dosis de azúcar en sangre a lo largo del día como la naturaleza realmente siempre lo había querido.

Para restar importancia sobre algunos de los verdaderos efectos de los niveles bajos de azúcar en sangre de los primeros días, beber jugos naturales durante todo el día podría ser de gran ayuda. Sin embargo, después del cuarto día, esto ya no debería ser esencial, ya que el cuerpo debería poder deshacerse de las reservas de azúcar si la dieta se normaliza.

Si tiene problemas de azúcar en la sangre más allá del día 3, no estaría de más hablar con su médico y, tal vez, obtener asesoramiento nutricional.

Beneficios de la meditación

Las sesiones de respiración meditativa ejecutadas de manera decente pueden contribuir a detener el tratamiento de la enfermedad respiratoria. En algunos casos graves, la ayuda de un aparato respiratorio es fundamental para garantizar que la persona reciba el aire vital necesario para seguir funcionando.

Los primeros y más comunes pasos en las sesiones de meditación requieren la práctica de la respiración y ser muy consciente de los sonidos y sentimientos que produce esta respiración. La persona puede entrenar el cerebro para ajustar estos patrones de respiración para adaptarse a la necesidad en cuestión.

Como cualquier otro músculo del cuerpo, el diafragma puede volverse "perezoso" cuando no está acostumbrado a su funcionamiento óptimo, por lo que a través de la meditación se anima a la persona a visualizar el diafragma real agrandándose y contrayéndose hasta alcanzar el estado óptimo deseado.

Estos ejercicios de respiración profunda solo son buenos si la sesión de meditación se realiza de manera constante y cautelosa. Los movimientos de respiración profundos, incluso lentos, provocados por la meditación, calman la mente y el cuerpo.

A través de métodos de respiración meditativa, se aumenta la respiración en la cavidad pulmonar y esto ayuda a incrementar los niveles de oxígeno en el torrente sanguíneo, lo que armoniza sucesivamente la mente y el cuerpo para combatir eficazmente cualquier enfermedad respiratoria.

Muchas enfermedades respiratorias obstruyen los patrones respiratorios en diversas etapas debido a bloqueos. El simple hecho de respirar más fuerte o más rápido no ayudará a la congestión. De todos modos, el estilo meditativo de ejercicios de respiración produce respiraciones mejores y más completas.

Algunas enfermedades requieren estilos particulares de respiración meditativa. El asma es un ejemplo selecto. Aunque el asma se manifiesta como un síntoma físico, una estrategia de respiración saludable ayudará a la persona a abordar el estado mental emocional que provoca tal ataque.

El asma bronquial es una enfermedad respiratoria diferente que puede aliviarse con ejercicios de respiración meditativa. Quizás no hasta el punto de curar la enfermedad, pero seguramente para ayudar a que el paciente se sienta más cómodo y menos estresado.

Afirmaciones de abstinencia

Puede utilizar afirmaciones para pensar y sentir que no desea fumar. De todos modos, no desea incluir referencias al tabaquismo en sus afirmaciones, simplemente porque ya tiene la noción de que fumar es agradable. Una vez que se ha hecho esa asociación en su mente subconsciente, cualquier idea de fumar activará un potente deseo de fumar.

Por el contrario, puede utilizar afirmaciones para enfatizar los beneficios de no fumar, sin mencionar el tema del hábito de fumar en absoluto, por ejemplo:

- Me encanta poder respirar libremente.

- Me encanta cuidar mi cuerpo de manera excepcional.

- Cuido mi cuerpo con buenos hábitos.

• Merezco un cuerpo limpio y en forma.

• Puedo alterar mis hábitos alterando mi mente.

• Siempre me respeto y me honro.

• Soy lo suficientemente sólido para vencer cualquier desafío.

• Confío en mi poder para hacer lo que quiera.

Cómo usar el refuerzo

Las afirmaciones funcionan mejor cuando se recitan repetidamente y mientras le presta toda su atención. No solo debe decir las palabras, debe hacer todo lo posible para presentar el sentido correspondiente asociado con las palabras. Por ejemplo, si dice "Me siento tan fuerte y empoderado", en realidad debería intentar sentirte así. Esto requiere práctica si no está acostumbrado.

La repetición, no solo lo hace más fácil en el tiempo, sino que es crucial, porque está tratando de revertir las creencias existentes en su mente subconsciente.

Cambios de hábitos

Recuerde que el estrés conduce a fumar. Todos tenemos que aprender a relajarnos y a cuidarnos para poder ver un futuro mejor. Todos tenemos que simplificar nuestra vida. Mantenerla simple ayudará a reducir el estrés.

Únase a un grupo de ejercicio o pida a algunos vecinos que lo acompañen a caminar. Camine en los días soleados para que su cuerpo obtenga vitamina D natural de los rayos solares. Las vitaminas ayudarán a mantener los huesos fuertes. Hacer ejercicio nos ayuda a mantenernos en forma y es una excelente manera de conocer nuevas personas mientras se divierte.

No olvide vigilar su dieta y asegúrese de consumir suficientes vitaminas para mantenerse saludable. Si no está seguro de qué y cuántas vitaminas necesita, consulte a su médico, él puede asesorarlo en un plan o enviarlo a un dietista para que lo ayude.

Ocasionalmente no comemos tanto, especialmente si hemos sido fumadores, por lo que se necesitan suplementos de vitaminas. Su profesional de la salud familiar también puede ayudarlo con esto.

El mundo está lleno de estilos de vida variados, así que haga su vida a su manera manteniéndose saludable y evite sudar por las cosas pequeñas. Tomar decisiones acertadas es un gran comienzo para vivir en libertad, lo que promueve la salud.

Diariamente el exfumador debe despertarse pensando que ese día no va a fumar. Y todas las noches antes de acostarse, debe felicitarse por cumplir su objetivo. El orgullo es fundamental para mantenerse libre de cigarrillos.

No solo es esencial, sino que se lo merece. Porque cualquiera que haya dejado de fumar se ha liberado de una adicción realmente poderosa. Por primera vez en mucho tiempo, ha ganado el control de su vida, en lugar de ser comandado por un cigarrillo. Por esto, debería estar orgulloso.

Capítulo 4
Drogas

La adicción a las drogas es la adicción a sustancias psicoactivas a través del consumo excesivo o abusivo de sustancias tóxicas, que altera las funciones del cerebro. Hay tres tipos.

- Estimulantes: que aceleran el proceso normal del organismo, como cocaína, anfetaminas, café, bebidas energéticas, tabaco, etc.
- Alucinógenos: que alteran las percepciones y el juicio, como el LSD y el cannabis.
- Depresores: que proporcionan sensación de relajación, como alcohol, somníferos, medicación, etc.

La adicción a las drogas afecta a todos los ámbitos de la vida del adicto. Este trastorno es peligroso tanto para la persona que lo padece como para quienes lo rodean. Hay soluciones y tratamientos disponibles para superar esta enfermedad.

Una realidad alarmante

En todo momento, el hombre ha recurrido a multitud de sustancias extremadamente diversas para obtener un estado de conciencia alterado que se fundamenta en motivaciones individuales y/o colectivas. Consideradas como remedios, venenos o ambos a la vez, estas sustancias cumplen varias funciones, en respuesta a las expectativas más o menos conscientes de quien las consume. Sin embargo, no todo el consumo de drogas conduce a la aparición de una adicción a ellas. Por tanto, es necesario establecer criterios de diagnósticos.

El estudio de la drogodependencia, paradigma de las adicciones, se basa en un modelo trivariante, que toma en consideración, al mismo tiempo, las sustancias y sus efectos, el contexto sociocultural y el individuo en su conjunto biopsicoconductual.

Factores de vulnerabilidad

Se han identificado varios factores de vulnerabilidad -correspondientes a todos los determinantes que promueven daños vinculados al uso de una o más sustancias psicoactivas-, provenientes de diferentes campos disciplinarios y desde diferentes perspectivas teóricas. Sin embargo, cabe señalar que existen muchas vías que pueden conducir a la adicción a las drogas. Por lo tanto, es imposible aislar, en un sujeto determinado, un único factor de riesgo que tenga, por sí solo, un valor predictivo para la ocurrencia de abuso o dependencia. Se trata aquí de un conjunto de factores que, combinados, constituyen una vulnerabilidad al desarrollo de la drogadicción.

El género también es uno de los factores identificados. Todos los estudios muestran que el abuso de sustancias y la dependencia de sustancias psicoactivas afecta más a los hombres.

También están involucrados ciertos aspectos dimensionales de la personalidad y el temperamento. El rasgo de personalidad "búsqueda de sensaciones", identificado por Zuckerman (1983), en particular los factores de "desinhibición" y "susceptibilidad al aburrimiento" que lo constituyen, así como la dimensión de "búsqueda de novedad" según Cloninger (1988) son claramente identificados con el uso de drogas.

Se ha demostrado ampliamente la frecuente comorbilidad entre adicciones, trastornos afectivos, trastornos de ansiedad y trastornos del estado de ánimo. Actualmente, se sabe que los drogadictos presentan trastornos psiquiátricos con mayor frecuencia que la población general, y que los individuos con trastornos mentales muestran un mayor apetito por las drogas. A lo largo de la vida, la prevalencia de al menos un trastorno de ansiedad, trastorno de pánico y fobia social es significativamente mayor entre los adictos a las drogas, independientemente del género. Esta prevalencia empeora con la intensidad del consumo.

Finalmente, los trastornos de la personalidad, como la personalidad antisocial, la personalidad límite, la personalidad narcisista, pero también la esquizofrenia, constituyen factores de vulnerabilidad al inicio de la dependencia.

Los factores socioculturales, como la inmigración, la aculturación, la marginación, una situación social precaria, pueden influir en el consumo de sustancias. A nivel familiar, el grado de aislamiento social, el nivel de disfunción causado por la falta de puntos de referencia y por la inconsistencia de las reglas, la intensidad de los conflictos, la percepción del individuo de falta de proximidad con sus padres, se consideran como factores de riesgos. La actitud de los padres hacia las sustancias psicoactivas también puede desempeñar un papel incitador y promover la aparición de abuso o dependencia. El riesgo se correlaciona entonces con el grado de disponibilidad de sustancias psicoactivas dentro del entorno familiar, la importancia de la conducta de consumo entre padres y hermanos, y la precocidad de la exposición del niño a estas conductas de consumo de sustancias. Por otro lado, varios estudios han destacado la frecuencia de trastornos mentales que se encuentran en los padres de personas con abuso o dependencia de sustancias.

En cuanto al séquito cercano, sabemos que el grupo de pares juega un papel importante en la iniciación y consumo de sustancias psicoactivas. El grupo de pares parece ser una especie de agrupación donde compartimos todo, una necesidad de reciprocidad en torno al producto. El grupo de pares puede desempeñar un papel reforzador, ya que los adolescentes que consumen sustancias psicoactivas tienden a elegir un grupo en el que circulan las sustancias.

La precocidad de inicio y consumo parece ser el factor más predictivo de la aparición de abuso o dependencia al final en la adolescencia. La edad de la vida que parece estar en mayor riesgo es, por supuesto, la adolescencia.

Los acontecimientos de la vida y el estrés también pueden constituir una vulnerabilidad a las conductas adictivas. Así mismo, varios estudios han demostrado que los sujetos que padecen trastorno de estrés postraumático y otros síndromes, ligados a un evento traumático sufrido durante la infancia, tienen una alta probabilidad de desarrollar adicción a las drogas.

El consumo de sustancias permitiría un ajuste a la realidad interna y promovería temporalmente el olvido y el sentimiento de malestar. Es en este sentido que la adicción puede considerarse una forma de adaptación al estrés. Pero el uso de sustancias psicoactivas también puede generar y mantener el estrés. Los sujetos quedan entonces atrapados en un círculo vicioso, donde el consumo inicial, con el objetivo de apaciguar un estado de tensión interna, conduce finalmente a otro consumo.

Factores protectores

Los factores protectores se consideran moderadores del riesgo y de la adversidad. Al igual que los factores de vulnerabilidad individuales, los factores de protección son de diferentes tipos. La mayoría de trabajos sobre esta temática insisten, principalmente, en factores psicoafectivos y psicosociales que favorecen la capacidad del sujeto para adaptarse, y para atravesar experiencias personales más o menos dolorosas.

Se han propuesto una serie de factores determinantes de la resistencia al consumo de drogas: tener un fuerte sentido de participación e implicación en la vida familiar (sentirse como un miembro del grupo familiar afectuoso); beneficiarse del apoyo familiar adecuado, tener ideas sólidas y ser capaz de explicarlas; involucrarse intensamente en la comunidad (tener un propósito, un rol, un reconocimiento y un sentimiento de pertenencia a la empresa y apego a sus valores); mostrar apego a un modelo adulto sobrio, no ser consumidor de sustancias y, finalmente, tener un adecuado nivel de inteligencia. Otros trabajos enfatizan una serie de cualidades psicológicas individuales, como la autoestima, la confianza, el conocimiento y desarrollo de sus áreas de excelencia, la adquisición de habilidades sociales, la capacidad de elegir y volverse independiente, buenas habilidades para la resolución de problemas, estrategias de afrontamiento efectivas.

La calidad de la competencia emocional, que explica cómo los individuos identifican, comprenden, expresan y regulan sus emociones, también es un poderoso baluarte contra la adicción.

La identificación de factores protectores está totalmente en consonancia con el estudio de los determinantes de la resiliencia, definida como un proceso adaptativo, resultante de la interacción de los recursos de un individuo con el medio ambiente. Permiten identificar, por un lado, las capacidades de los sujetos para afrontar situaciones difíciles de la vida sin recurrir a sustancias y, por otro, comprender mejor los mecanismos para detener la adicción a las drogas y mantener el abuso de éstas, para aquellos que han invertido en una adicción.

¿Cuáles son los signos de la adicción a las drogas?

Hay tres niveles de consumo: uso recreativo, uso de riesgo y adicción. Este último nivel es la adicción a las drogas. Este es el tipo de consumo más grave ya que la persona pierde su libertad y ya no puede controlar el consumo.

El resultado es la adicción. Para prevenir la adicción, los signos de drogodependencia deben reconocerse a partir del segundo nivel de consumo, es decir, del uso de riesgo. En este punto, una persona ya no consume de forma recreativa: consume porque lo necesita, pero corre el riesgo de desarrollar problemas de adicción.

Signos de la adicción a las drogas

Los comportamientos de una persona con adicción a las drogas pueden alterarse. La persona puede volverse irritable, impulsiva, puede aislarse y descuidar su apariencia e higiene, etc.

La adicción a las drogas de la noche a la mañana cambia el interés de una persona en actividades y pasatiempos que alguna vez fueron para él populares.

Signos físicos: Los drogadictos suelen presentar ojos rojos o pupilas dilatadas, falta de sueño, pero gran cansancio, boca seca y confusión en palabras y acciones, etc.

Las causas de la adicción pueden ser varias: desde el entorno en el que una persona creció hasta la genética o las citas. Es importante saber reconocer el estado del consumo para prevenir adicciones.

Los mitos y realidades de la drogadicción

La adicción a las drogas es víctima de muchos conceptos erróneos. Estos a menudo se propagan erróneamente al creer que es un hecho real. Estos son dos de los más comunes:

Mito 1: los drogadictos no tienen trabajo y son vagos. Este es el mito más común. De hecho, cualquier persona puede volverse adicta a las drogas, incluidos médicos, abogados y profesores. Las causas de la adicción varían con cada persona.

Mito 2: No hay soluciones disponibles para las personas con adicción a las drogas. Aunque la adicción es una enfermedad crónica que puede reaparecer en cualquier momento, los tratamientos disponibles para recuperar el control de la vida son efectivos. Las personas adictas a las drogas cambian su estilo de vida y, con la ayuda y el tratamiento que se les ofrece, pueden vencer a su mayor demonio.

El tratamiento

Ser adicto a las drogas es un asunto complicado que se ha especificado como un trastorno que se manifiesta en el pensamiento obsesivo y la utilización de las drogas.

Es un asunto que puede seguir empeorando y volverse calamitoso y mortal si no se lo trata. Las drogas actúan afectando a las sustancias químicas del cerebro e induciendo un estado insustancial de euforia

De todos modos, a medida que el cuerpo se acostumbra a los resultados de las drogas, exige cada vez más para lograr el mismo afecto, por lo que comienza una búsqueda incesante para lograr esta falsa felicidad, con terribles consecuencias.

A medida que avanza la enfermedad, los usuarios dejarán en el camino las relaciones sociales, los trabajos, los estudios, las carreras y a los niños, a medida que las sustancias se convierten en un requisito clave en su vida.

Para que los adictos continúen con esta forma de vida tan destructiva y perjudicial, tiene que haber un nivel realmente fuerte de negación de la realidad y de la enfermedad. Por tanto, la negación vive como un mecanismo de supervivencia para proteger la enfermedad. Con el tratamiento y el conocimiento del abuso de sustancias, se podría abordar la adicción y adoptar un estilo de vida mejor y más en forma.

Por lo tanto, para romper el ciclo del consumo habitual de drogas, las personas dependientes de ellas deben realizar cambios cruciales en sus estilos de vida y actitudes y, por lo general, necesitan ayuda para hacerlo. Los tratamientos conductuales y psicosociales son la base de los servicios disponibles para ayudar a los usuarios a lograr y mantener períodos significativos de abstención.

Entre las cosas más importantes en el tratamiento y la recuperación de la adicción se encuentran los programas de rehabilitación de drogas. Estos son lugares a los que puede ir el adicto para obtener ayuda para su adicción.

Estos son excelentes para el paciente, ya que no hay forma de que obtenga sustancias nocivas en ellos, por lo que no tiene más remedio que mantenerse sobrio. Hay profesionales médicos en el personal de rehabilitación de drogas, por lo que mientras recibe el tratamiento, es posible que estén disponibles para ayudar y asegurarse de que el cuerpo del paciente pueda superar la eliminación de dichas sustancias. En realidad, lo ayudan de muchas maneras diferentes para que pueda sentirse seguro y protegido, ya que no permitirán que le suceda nada mientras elimina las sustancias del sistema.

Las rehabilitaciones de drogas son importantes para la recuperación, ya que permiten al paciente alejarse de su vida por un tiempo y concentrarse simplemente en mejorar. No tiene que preocuparse por las tensiones diarias de su vida por un tiempo y puede centrar todo su poder en simplemente superar su adicción a las drogas.

Esto es realmente útil para muchas personas, ya que les permite ver sus vidas desde el exterior y, ocasionalmente, hay asuntos que pueden observar mientras están en tratamiento que no podría de otra manera.

Las rehabilitaciones de sustancias también son cruciales, ya que proporcionan las herramientas y los medios para averiguar por qué la persona es adicta a las sustancias en primer lugar. A partir de allí, el paciente podrá tomar un montón de decisiones diferentes sobre el por qué recurrió a las sustancias y, a través de estas decisiones, podrá averiguar qué fue lo que le hizo necesitarlas para convertirse en adicto o qué lo orientó a su adicción. Podrá reconocer estos asuntos en su vida, de modo que cuando ya no esté en tratamiento y tenga que hacer frente a estos mismos problemas, podrá tomar mejores decisiones y esquivar las trampas que pueden conducirlo a retroceder hacia el abuso de drogas.

Las rehabilitaciones de drogas brindan a las personas las herramientas que necesitan para lidiar con las emociones que comúnmente pueden conducir al abuso de drogas. Si una persona que se recupera de una adicción puede aprender a lidiar con la tensión y las emociones como la rabia y el dolor sin consumir sustancias, entonces, cuando se recupere y se enfrente a estas mismas emociones, podrá manejarlas mejor.

Es muy importante que una persona sea consciente de las diferentes técnicas para lidiar con estas emociones, ya que con frecuencia son estas emociones las que llevan a las personas de vuelta al abuso de sustancias, incluso después de la recuperación.

Los centros de rehabilitación de drogas también incluyen servicios para familiares y conocidos de personas con adicciones a sustancias. Se organizan reuniones a las que puedan asistir familiares y conocidos, y en las que escucharán todo sobre lo que siente su ser querido y, de la misma forma, aprenden formas de lidiar con su ser querido y cómo apoyarlo cuando esté recuperándose en su casa. Estas reuniones son realmente esenciales para la recuperación, ya que con frecuencia es la deficiencia de apoyo lo que lleva a alguien de regreso al abuso de drogas.

Apoyando la recuperación

El apoyo y el amor de la familia y de los conocidos son una parte fundamental del proceso de recuperación. Es por eso que los grupos de adicciones han evolucionado, para ayudar a las personas ajenas a comprender la adicción y la mejor manera de apoyar el proceso de recuperación.

Recuperación

A menudo, el apoyo de conocidos y familiares es más necesario durante el paso inicial de la etapa de recuperación -admitiendo que hay un problema-.

Esto podría tomar la forma de una intervención, donde los conocidos y la familia se unen para presentar una presencia unida de amor y preocupación por el abusador de sustancias de una manera no confrontativa. Este proceso también podría tomar la forma de apelación de la familia o incluso ultimátum si la situación se vuelve lo suficientemente riesgosa.

Los involucrados deben leer todo lo que se pueda sobre la adicción y el procedimiento de recuperación. Esto mejora la comprensión de lo que está experimentando el paciente en materia de desintoxicación, asesoramiento y tratamiento. De manera similar, ayuda a los del entorno a comprender mejor cómo brindar apoyo durante la etapa de cuidados posteriores, después del alta del centro de tratamiento de recuperación.

No hay que etiquetar a quién sufre esta adicción. No se debe dejar de expresar la confianza en el poder del paciente para recuperarse de una dependencia. Al mismo tiempo, hay que ser firme y dejarlos que se den cuenta de que su entorno se preocupa por él. Se puede hacer esto de una manera amorosa y sin prejuicios. Hay que desistir de mencionar las sustancias en la conversación.

Como actividad complementaria se puede sugerir asistir a servicios religiosos o participar en un proyecto de servicio voluntario o en una clase de capacitación comunitaria. Si bien permanecer ocupado es una excelente distracción, hay que intentar no exagerar, ya que el paciente seguirá trabajando mucho mental y emocionalmente durante el cuidado posterior.

La hipnoterapia puede ayudar a aquellos que ya no desean consumir drogas recreativas, pero la mayoría de las veces, es más seguro buscar hipnoterapeutas profesionales que se especialicen en esta disciplina.

Si realmente se quiere dejar de consumir sustancias, entonces se debe considerar seriamente utilizar el poder de la autohipnosis para alterar las prácticas de pensamiento.

Con la autosugestión, se puede programar la mente subconsciente con nuevas ideas, sentimientos y acciones sanas y positivas, a medida que el adicto se vuelve más limpio de sustancias. A su vez, las afirmaciones positivas son esenciales para dejar de consumir sustancias y reforzar el ego.

Capítulo 5
Internet

Hoy, con la difusión de la tecnología, se ven nuevas adicciones. La adicción a Internet es uno de ellas. Aunque es un trastorno que se puede observar en todas las edades y géneros, la adicción a Internet comienza a una edad más temprana que otras adicciones. En particular, las edades de 12 a 18 años se consideran los períodos en los que el riesgo es mayor.

Al mirar la diferencia de género Se ve que la adicción a Internet es 2-3 veces más común en niños que en niñas. También existen algunas diferencias entre niños y niñas en cuanto al contenido del tiempo que pasan en la red. Se ve que mientras las niñas pasan más tiempo leyendo o charlando en los programas de chat, los niños prefieren los deportes y los juegos violentos. La adicción a Internet es un trastorno común en la sociedad y requiere tratamiento. Puede haber otros trastornos psiquiátricos que acompañen a la adicción a Internet. La fobia social o la depresión se encuentran entre los trastornos que se observan en las personas con adicción a la pantalla. También se aprecia que pasar mucho tiempo frente a internet a una edad temprana es un factor en el desarrollo del déficit de atención. La presencia de hiperactividad en la adicción a Internet se considera un factor de riesgo en el desarrollo.

Tipos

Es posible hablar de muchos tipos de adicción bajo el nombre de adicción a Internet.

Por ejemplo, hablar por teléfono, enviar mensajes SMS, redes sociles, Ipod, computadora, Playstation, etc. En general, Internet es una herramienta útil y de alta tecnología, y su adicción es difícil de detectar. Por lo tanto, el médico debe ser consciente de las diferencias características que distinguen entre uso normal y el patológico de la red. El uso patológico de Internet también se considera un tipo de trastorno del control de impulsos.

Características del uso patológico de internet

* Intensa preocupación por Internet
* Aumentar el tiempo dedicado a Internet para obtener satisfacción.
* Esfuerzos infructuosos para controlar el uso de Internet
* Sentirse cansado, deprimido o irritable cuando no puede acceder a Internet
* Pasar más tiempo en línea del planeado
* Pasar tiempo en Internet hasta el punto de poner en peligro una importante situación relacional, profesional, educativa o laboral.
* Mentir a otros o a un terapeuta sobre el uso de Internet.
* Pasar tiempo en línea para escapar de los problemas cotidianos o del estado de ánimo no deseado

El uso patológico de Internet se considera en personas que responden positivamente a 5 o más de estos criterios y en tanto esta condición no se deba a un episodio maníaco. Sin embargo, incluso los usuarios que responden positivamente a los 8 criterios pueden hacer un esfuerzo por enmascarar sus síntomas como "para mi trabajo" o "todo el mundo lo usa". La escala que determina el nivel de uso patológico de Internet se da a continuación:

20-49 puntos: Eres un usuario medio de Internet. A veces eres bueno controlando incluso si te quedas un poco más tiempo en la web.

50-79 puntos: a menudo tiene problemas frecuentes o raros con Internet. Considere la importancia de estos problemas en su vida.

80-100 puntos: El uso de Internet causa problemas muy importantes en su vida.

PUNTOS

0- raramente
1- Ocasionalmente
2- A veces
3- A menudo
4- Casi siempre
5- No aplica

¿Con qué frecuencia permanece en línea más tiempo del que pretendía originalmente?
Casi nunca
Algunas veces
A menudo
Casi siempre
No es válido

¿Con qué frecuencia descuida sus responsabilidades en casa porque pasas más tiempo en línea?
Casi nunca
Algunas veces
A menudo
casi siempre
No es válido

¿Con qué frecuencia prefiere la emoción de Internet a la intimidad con su cónyuge?
Casi nunca
Algunas veces
A menudo
casi siempre
No es válido

¿Con qué frecuencia establece amistades e intimidad con personas que conoce en línea?
Casi nunca
Algunas veces
A menudo
casi siempre
No es válido

¿Con qué frecuencia otras personas en su vida se quejan del tiempo que pasa en línea?
Casi nunca
Algunas veces
A menudo
casi siempre
No es válido

¿Con qué frecuencia experimenta una caída en las calificaciones de la clase o una interrupción en el trabajo escolar debido a su tiempo en línea?
Casi nunca
Algunas veces
A menudo
casi siempre
No es válido

¿Con qué frecuencia revisa sus correos electrónicos antes de hacer algo que sea necesario para usted?
Casi nunca
Algunas veces

A menudo
casi siempre
No es válido

¿Con qué frecuencia experimenta una disminución en su trabajo y/o eficiencia laboral debido a Internet?
Casi nunca
Algunas veces
A menudo
casi siempre
No es válido

¿Con qué frecuencia se pone a la defensiva y se oculta cuando le preguntan qué hace en línea?
Casi nunca
Algunas veces
A menudo
casi siempre
No es válido

¿Con qué frecuencia los pensamientos perturbadores sobre su vida desaparecen a través de pensamientos positivos de Internet?
Casi nunca
Algunas veces
A menudo
casi siempre
No es válido

¿Con qué frecuencia anticipa cuándo es el momento de volver a conectarse?
Casi nunca
Algunas veces
A menudo
casi siempre
No es válido

¿Con qué frecuencia cree que la vida es tan aburrida, vacía y sórdida sin Internet?
Casi nunca
Algunas veces
A menudo
casi siempre
No es válido

¿Con qué frecuencia se enoja o grita cuando alguien le bloquea mientras está en Internet?
Casi nunca
Algunas veces
A menudo
casi siempre
No es válido

¿Con qué frecuencia se queda despierto por la noche debido a las largas horas en Internet?
Casi nunca
Algunas veces
A menudo
casi siempre
No es válido

¿Con qué frecuencia tiene una intensa preocupación por Internet a pesar de estar desconectado?
Casi nunca
Algunas veces
A menudo
casi siempre
No es válido

¿Con qué frecuencia se encuentra diciendo "solo unos minutos más" mientras estás en la red?
Casi nunca
Algunas veces
A menudo

casi siempre
No es válido

¿Con qué frecuencia ha intentado reducir su tiempo en línea
y ha fallado?
Casi nunca
Algunas veces
A menudo
casi siempre
No es válido

¿Con qué frecuencia ha ocultado cuánto tiempo ha estado en
línea?
Casi nunca
Algunas veces
A menudo
casi siempre
No es válido

¿Con qué frecuencia pasa más tiempo en línea que con otras
personas?
Casi nunca
Algunas veces
A menudo
casi siempre
No es válido

¿Con qué frecuencia se siente infeliz, gruñón y enojado
cuando no está en línea y se siente conectado y estas
emociones negativas desaparecen?
Casi nunca
Algunas veces
A menudo
casi siempre
No es válido

Como lo hemos leído en los capítulos anteriores, considerando las consecuencias negativas relacionadas con el abuso de sustancias, se puede mencionar el desarrollo de cirrosis hepática como resultado de la adicción al alcohol o el mayor riesgo de eventos intracraneales como resultado del consumo de cocaína. Pero cuando se trata de la adicción a Internet, los resultados no son tan claros. Aunque el tiempo dedicado a Internet no es un criterio único, los usuarios adictos pueden dedicar entre 40 y 80 horas semanales y más de 20 horas en una sesión. Por esta razón, no pueden asignar el tiempo necesario para dormir y tienen problemas con el trabajo o la escuela a la mañana siguiente. En los casos extremos pasan sus horas de sueño en línea tomando tabletas de cafeína. Esta situación provoca problemas en el sistema inmunológico y aumenta el riesgo de enfermedad. Además, largas horas de inactividad frente a una pantalla de computadora genera problemas oculares, lumbalgia, y causa problemas físicos como el síndrome del túnel carpiano. Cuando se compara la adicción a Internet con la adicción a sustancias, se verá que causa problemas laborales, familiares y académicos similares. Si usted o un familiar cumple con 5 o más de los criterios anteriores, solicítelo ayuda con un especialista.

Tratamiento

Como en otras adicciones, informar y advertir a la familia y a la persona adicta a Internet es importante para prevenir la adicción. Por este motivo, es necesario que toda la familia participe en el tratamiento. El objetivo principal de la asistencia es revelar los motivos de uso de Internet de la persona y trabajar sobre estos motivos, por otro lado, desarrollar controles externos para programar la vida de la persona y reducir el tiempo que pasará en la red.

Juegos electrónicos

Otra variante de adicción a internet, son los videojuegos. A las personas les gustan pasar horas en estos entretenimientos, que a simple vista parecen inocentes. Ya sea que se juegue en un dispositivo portátil, una computadora o un televisor, los juegos pueden brindar horas de diversión silenciosa.

Los juegos pueden mejorar las habilidades con la computadora personal y una mejor coordinación ojo-mano. Un estudio demostró que los cirujanos que juegan con videojuegos cometen menos errores quirúrgicos que sus contrapartes que no los practican.

Los videojuegos son emocionalmente "seguros". Cuando un individuo comete un error, nadie más se da cuenta (contrariamente a la humillación pública de, digamos, perder en un juego de pelota en la vida real).

Y como cada error cometido en el juego ayuda al jugador a determinar la acción específica obligatoria para avanzar, el jugador obtiene la satisfacción de mejorar constantemente y, en última instancia, ganar.

Pero hay algunas desventajas.

Lidiar con los juegos

Algunas de las desventajas para los adultos es que estos juegos suelen ser muy costosos. Algunos involucran sexo gráfico y violencia. Quizás lo más angustiante es que pueden ser extremadamente adictivos. Cualquier individuo puede volverse "adicto" a estos programas de computación, y los individuos con trastorno por déficit de atención con hiperactividad parecen tener un riesgo específico. Muchos de ellos tienen habilidades sociales o atléticas lamentables, y esto no importa en el ámbito de los juegos. Estos juegos nivelan el campo para las personas con TDAH. Y las personas a las que les molesta la distracción en la vida real son capaces de concentrarse intensamente (hiperenfoque) mientras juegan. El "hechizo" del juego es con frecuencia tan profundo que la única forma de llamar la atención del jugador es sacudirlo o ponerse nariz con nariz para que le responda.

¿Usted supervisa cuánto tiempo pasa alguien en su vida o usted mismo con su Gameboy? ¿Le recomienda constantemente que apague el X Box? ¿El deseo de jugar a los videojuegos domina su vida? Una vez que tiene que apagar el televisor, ¿se enoja? Si es así, ha llegado el momento de ayudar a esta persona o a usted mismo.

Los desencadenantes son indicaciones mentales y físicos que hacen que desee entregarse a su dependencia, es decir, jugar. Ponga esfuerzo y averigüe qué tipo de cosas le hacen desear jugar videojuegos. Tal vez sea un sitio en particular al que va en línea lo que inicia su frenesí por los juegos. Quizás es estar rodeado de personas específicas lo que le hace desear un juego o dos. Haga todo lo posible para averiguar qué tipo de factores desencadenantes le hacen desear jugar.

Las afiliaciones entre sentimientos, individuos, lugares y eventos particulares se entrelazan con la acción del adicto. Cuando los adictos encuentran su camino hacia la recuperación, las viejas afiliaciones entre la dependencia y los viejos sentimientos, individuos, lugares y eventos perduran, a menudo activando los antojos de consumir. Cuando estas indicaciones desencadenan el uso de recuerdos y tal vez un recuerdo eufórico, a menos que se tome medidas para contrarrestar los antojos y una posible recaída, se continuará siendo muy vulnerable a perder la recuperación. Estas indicaciones están siempre presentes, pero se pueden evitar las recaídas.

Es crucial evitar los desencadenantes externos que son los más graves y que están dentro del poder para prevenir. Muchos de estos serían los obvios, como pasar el rato con viejos conocidos de juegos o ir a tiendas de juegos. Los desencadenantes que no se pueden detener pueden neutralizarse. Para estar listo y ser capaz de negar los desencadenantes que surgen, se debe poder anticiparlos y nombrarlos, luego tener un plan de acción sobre cómo lidiar con ellos sin usarlos.

Hay que diseñar la recuperación. Dejar de jugar de golpe puede parecer la mejor manera de romper la adicción, pero en realidad, la mayoría de las personas no intentan dejar de jugar por completo. El mejor plan sería alejarse gradualmente de los juegos. Se debería establecer una fecha de finalización en la que se desee estar totalmente libre de juegos. Luego, elaborar los pasos para esa fecha de finalización, con mini-metas que se desean lograr. Por ejemplo, en lugar de jugar 20 horas a la semana, intentar reducirlo a 18 horas a la semana, etc. ¡No hay que desanimarse si no se logran los objetivos! Recuerde, Roma no se construyó en un día y la adicción no desaparece de la noche a la mañana.

Una combinación entre lo brusco y lo decreciente, es fijarse algunos objetivos totalmente diferentes para la semana. Por ejemplo, limpiar la casa o pintar una de las habitaciones. Si se logra, entonces, durante el fin de semana, el involucrado en el plan se premia con un par de horas de videos juegos. No solo hará esas cosas que necesita para mejorar su entorno, sino que habrá disminuido su adicción, se habrá otorgado un premio por su esfuerzo, y ordenará su vida a un estándar aceptable.

Los centros de tratamiento de la adicción al juego están surgiendo en países como China, Corea del Sur, los Países Bajos y los EE. UU. La desintoxicación para la adicción a los juegos está planificada para ayudar a los adictos a los juegos a descubrir cómo eliminar de manera efectiva las acciones compulsivas, que crean hábito, muy parecidas a las de los adictos a las drogas y/o al abuso del alcohol.

Lo que debería ser una diversión podría convertirse en una adicción que consume todo si se deja sin frenos. Hay que asegurarse de establecer límites a los juegos de los hijos. No hay que pensarlo como negarles algo. Más bien, considerarlo como entrenamiento de hábitos saludables. Si bien la adicción a los juegos no aparece en el Manual diagnóstico y estadístico de los trastornos mentales, los hábitos de juego poco razonables y saludables son algo que ha recibido una mayor atención en los últimos años.

Es difícil negar que algunas personas (ya sean jóvenes, adolescentes o adultos) juegan demasiado a los videojuegos y que podría afectar negativamente su funcionamiento y éxito fuera del resplandor del monitor. Por supuesto, no todo el mundo se vuelve adicto a ellos. Los juegos de red son disfrutados por la mayoría de personas en todo el mundo como una forma de relajarse, interactuar con amigos y para usos simples de entretenimiento. Sin embargo, está quedando claro que hay quienes pierden el control de ello. Para estas personas, los juegos (especialmente los juegos multijugador en red) ocupan un lugar central en sus vidas.

El rendimiento laboral puede verse afectado debido a las largas sesiones de juego nocturnas. Las calificaciones escolares pueden bajar como resultado de prestar más atención a los juegos que a los estudios. Las relaciones pueden deteriorarse cuando uno de los miembros de la pareja se siente descuidado y más insignificante que la última obsesión por el juego de su pareja. Cuanto más tiempo pasa un individuo jugando, menos tiempo hay para los individuos cruciales en su vida. El contacto humano cara a cara se sacrifica cada vez más a favor del juego. Como resultado, la persona puede experimentar aislamiento social, pérdida de amistades y soledad.

Capítulo 6
Juegos de azar/apuestas

El juego ha sido una pasión para la gente desde tiempos inmemoriales. Existe documentación de que hubo juegos de azar con dados en el Medio Oriente y la India durante aprox. hace 4.000 años, y las historias de sufrimiento asociadas con esto son igualmente similares.

Las personas con este tipo de adicción sufren de juego compulsivo. A menudo pierden toda su fortuna en las máquinas tragamonedas, en los casinos o en las apuestas. El juego se vuelve serio porque las consecuencias de esta adicción pueden ser dramáticas. La adicción al juego es una enfermedad que normalmente no se puede superar sin ayuda profesional.

Los adictos al juego a menudo pasan muchas horas todos los días frente a la máquina tragamonedas, en los casinos o jugando al póquer en línea. No solo pierden su dinero, sino también a su familia y amigos. La adicción es fatal para los involucrados, incluso si no está ligada a una sustancia específica, como la cocaína o la adicción al alcohol. Porque incluso con las adicciones conductuales, a las que pertenece la adicción al juego, la persona en cuestión pierde el control y tiene que jugar una y otra vez por una compulsión interior. Las consecuencias son elevadas deudas y pérdida de contactos sociales. Si descuidan su trabajo para apostar, o si malversan dinero para financiar su adicción, existe el riesgo de perder el empleo.

La adicción al juego es reconocida como una enfermedad por los seguros de salud y se llama "juego patológico" y en psiquiatría como "ludopatía". En la mayoría de estos juegos, la habilidad no determina el resultado, sino que ganar o perder depende del azar. La adicción al juego abarca diferentes tipos de entretenimientos. Los adictos al juego juegan a las máquinas tragamonedas con mayor frecuencia, seguidos de los juegos en los casinos, las apuestas, los juegos de cartas y los dados. Los adictos al juego son menos comunes entre los jugadores de lotería.

Recientemente, los juegos de azar en línea como el póquer se han vuelto cada vez más populares en Internet. Están prohibidos en muchos países, pero se puede apostar más allá de las fronteras en Internet. Eso puede salir mal, ya que las demandas legales difícilmente se pueden hacer cumplir en el extranjero.

Trastornos mentales

Además de la adicción al juego, también ocurren con mucha frecuencia otros trastornos psicológicos (comorbilidad). Los afectados a menudo padecen trastornos de personalidad, ansiedad y depresión, así como adicción a las drogas al mismo tiempo. Más de la mitad de todos los adictos al juego son adictos al alcohol. Los adictos también suelen tener una autoestima deteriorada, estados de pánico y miedo al apego.

La adicción al juego y las apuestas se observa principalmente en los hombres. Pero también hay mujeres adictas a ellos. Básicamente, la adicción ocurre tanto en jóvenes como en adultos y ancianos.

Síntomas

La adicción al juego generalmente se desarrolla en un proceso lento, a menudo durante varios años. Al principio, los afectados juegan por diversión y el alcance es limitado. Después de unos dos años, comienza la fase de juego excesivo. El jugador pierde el control sobre su comportamiento y juega con una compulsión interna. Luego, por lo general, pasan algunos años más antes de que la persona en cuestión se dé cuenta de que necesita ayuda. Según esto, los expertos dividen la adicción al juego en fases apropiadas: la etapa inicial positiva, la etapa de habituación y la etapa de adicción. Aparecen signos específicos en cada etapa.

La etapa positiva inicial

Al principio, la persona afectada solo juega ocasionalmente. Lo que está en juego proporciona emoción y las ganancias deleitan y hacen que los problemas cotidianos desaparezcan durante algún tiempo. El juego está regulado y el jugador sigue cumpliendo con sus obligaciones, actividades de ocio y contactos sociales. En esta fase, se habla del entretenimiento y del jugador casual. A menudo, sin embargo, las primeras victorias importantes llevan a una fuerte tentación de seguir jugando.

La etapa de habituación

Durante la fase de habituación, el jugador pierde gradualmente el control sobre cuánto juega y cuánto dinero apuesta. El juego se está convirtiendo en una distracción habitual en la vida diaria. Las ganancias crean un fuerte sentimiento de felicidad y, en lugar de detenerse para ganar, los jugadores desafían su suerte. Dado que los juegos de azar se basan en el hecho de que a la larga no son los jugadores los que ganan, sino los proveedores, las pérdidas superan a las ganancias a largo plazo. Si los jugadores han perdido dinero, ciertamente ya no pueden detenerse. Siguen más misiones con la esperanza de compensar la pérdida. A menudo, los jugadores no se dan cuenta de que están perdiendo el control. Los expertos hablan entonces de "pensamiento mágico". Los jugadores no culpan al azar, sino a su comportamiento por las ganancias o pérdidas. Algunos también creen que ciertos amuletos de la suerte, ciertos rituales o estrategias influyen en el éxito del juego.

La persona afectada ha pasado de ser un jugador casual a un jugador problemático. El juego ahora ocupa una parte importante en la vida y las emociones de uno están íntimamente ligadas al juego. La confianza en uno mismo y la alegría de vivir ahora dependen del beneficio. La pérdida crea depresión y pérdida de la autoestima. Como resultado, muchos están muy tensos e irritables incluso antes del juego.

Los amigos, los pasatiempos y el trabajo pasan a un segundo plano. El juego se oculta a los demás tanto como sea posible. Además, los jugadores suelen enredarse en una red de mentiras. Se vuelve particularmente peligroso cuando se endeuda cada vez más. Las dificultades con el banco, el trabajo y la familia son solo el comienzo de la espiral descendente de la adicción al juego. Los familiares que abordan el comportamiento del adicto a menudo los encuentran con agresión y negación. Para evitar enfrentamientos, los comprometidos se distancian cada vez más de su entorno social.

La etapa de adicción

En la última etapa, a los jugadores también se les llama jugadores excesivos y desesperados. Ya no hay límites racionales para la duración y el uso del juego. Los jugadores tienen que correr cada vez más riesgos en las misiones para experimentar una emoción (desarrollo de tolerancia). Por ejemplo, para aumentar la atracción, algunas personas juegan en varios juegos al mismo tiempo. Ahora han perdido completamente el control. En esta etapa, muchos han perdido sus trabajos, sus parejas y contactos sociales, y han generado grandes dificultades en todos los demás ámbitos de la vida. Los jugadores ya no tienen una idea realista de las cantidades normales de dinero, las deudas son a menudo tan altas que ya no se pueden reembolsar: se juegan sus pertenencias. Las consecuencias son tan masivas que incluso la propia persona ya no puede ignorarlos. Aun así, los jugadores adictos no pueden dejar de hacerlo. Porque los posibles beneficios parecen ser la única salida a las dificultades, una peligrosa falacia.

En la etapa de adicción, los jugadores también muestran síntomas físicos y psicológicos. Aumentan el estrés y la ansiedad. Los jugadores adictos (patológicos) pueden ser reconocidos por sus manos temblorosas y sudoración profusa. Algunos jugadores se pierden literalmente en el juego y, a veces, ya no saben dónde están.

Causas y factores de riesgo

No existe una causa única para el juego patológico. Varios factores influyen en el desarrollo de la adicción. Probablemente la raíz esté en la interacción de influencias genéticas, psicosociales y biológicas:

Factores genéticos

Con la ayuda de estudios de gemelos y de adopción, los investigadores indagaron el componente genético de la adicción al juego. Como ocurre con otras adicciones, la adicción al juego también ocurre con mayor frecuencia en las familias. Si uno de los padres sufre este tipo de adicción, los niños también tienen un 20 por ciento de riesgo de volverse adictos. El gemelo idéntico de una persona tiene un 23 por ciento de posibilidad de volverse adicto al juego. Sin embargo, los genes por sí solos no pueden ser considerados responsables de la adicción. Sin embargo, aumentan la susceptibilidad (vulnerabilidad). Para el desarrollo de la adicción al juego, se deben agregar los factores ambientales correspondientes.

Factores psicosociales

Los adictos al juego a menudo tienen una baja autoestima como resultado de experiencias tempranas negativas. Las experiencias traumáticas en la infancia son un factor de riesgo importante para el desarrollo de trastornos mentales y, por lo tanto, también para la adicción al juego.

Los involucrados a menudo informan que tienen una relación problemática con su padre. Si los padres no tienen suficientemente en cuenta sus necesidades en la primera infancia, esto puede tener consecuencias de gran alcance. Muchos de los afectados tienen dificultades para lidiar con sus emociones incluso cuando son adultos. Los adictos abusan de la adicción al juego, al igual que otras adicciones, para regular las emociones. El juego distrae de los problemas reales. Todos los sentidos se concentran por completo en el juego. Las ganancias dan a los jugadores la ilusión de tener el control de su suerte y aumentar su autoestima. Si pierden, continúan jugando. Porque la emoción antes del nuevo juego vuelve a crear un sentimiento positivo.

Un factor social importante es que el juego es socialmente aceptable hasta cierto punto. El juego de lotería, por ejemplo, no solo se anuncia públicamente, sino que también se ofrece en muchas tiendas. Esto promueve la compulsión a jugar.

Factores biológicos

El progresivo desarrollo de la adicción al juego parece tener lugar en el sistema de recompensas del cerebro. El llamado sistema mesolímbico de nuestro cerebro está condicionado a los estímulos que desencadena el juego rápido y arriesgado. Poco a poco se aprende a prestarle más y más atención, a expensas de otros pensamientos y sensaciones. El sistema mesolímbico está relacionado con las emociones positivas. Esto se debe principalmente al neurotransmisor dopamina. La dopamina no solo se libera más cuando comemos, bebemos o tenemos relaciones sexuales, el juego también conduce a una mayor liberación de dopamina. La sustancia mensajera desencadena emociones agradables, recompensa estos comportamientos y atrae nuestra atención hacia ellos. Con el juego excesivo, los efectos de la dopamina disminuyen. Porque el cuerpo se ha acostumbrado a la sustancia mensajera y ya no reacciona con tanta fuerza. Sin embargo, al jugador le gustaría volver a experimentar la sensación de recompensa. Para ello, tiene que ampliar los tiempos de juego o utilizar sumas de dinero más elevadas.

Los estudios también muestran que una menor actividad en el área frontal del cerebro (corteza frontal) y la falta de serotonina interfieren con el control de los impulsos. Estos cambios podrían explicar por qué las personas con adicción al juego tienen dificultades para dejar de jugar a pesar de las consecuencias negativas.

Características

El potencial adictivo de los juegos se basa en la forma en que se configuran y en su disponibilidad. La mayoría de los juegos de azar se juegan rápidamente y, por lo tanto, crean una cierta patada de euforia. Los juegos también crean la ilusión de que el jugador puede controlarlos y mantener el control. Si el jugador pierde, el resultado suele ser estrecho y tienta a intentarlo de nuevo. En lugar de dinero real, a menudo se utilizan valores sustitutivos, como fichas o puntos. De esta forma, se pierde la relación con el valor real del dinero.

La adicción también se ve favorecida por el hecho de que hay muchas oportunidades para apostar en una sociedad.

Exámenes y diagnóstico

La adicción al juego es una enfermedad grave que puede tener consecuencias negativas de gran alcance. Por lo tanto, es crucial para el curso posterior buscar ayuda a tiempo si usted o sus seres queridos muestran signos de adicción. Puede obtener ayuda e información sobre la adicción al juego en los centros de asesoramiento sobre adicciones, con su médico de cabecera o en clínicas de adicciones.

La primera reunión

La adicción al juego no se puede determinar mediante un examen físico, sino solo mediante conversaciones y cuestionarios especiales. Además de una conversación detallada con el paciente, también puede ser útil preguntarles a los familiares. Esto le da al especialista una imagen completa de la situación.

Durante el examen inicial, el médico o psicoterapeuta podría hacer las siguientes preguntas:

- ¿Alguna vez se ha jugado todo el dinero que tenía?

- ¿Siente una necesidad interior de apostar?
- ¿Alguna vez le ha mentido a sus amigos o familiares sobre su juego?
- ¿Le resulta difícil dejar de fumar después de perder un juego?

Si hay una adicción al juego, el médico o el terapeuta pueden usar preguntas específicas para averiguar qué tan fuerte es la adicción. La adicción al juego a menudo ocurre con otras adicciones o trastornos mentales. Para un diagnóstico exacto, el médico verifica si hay otros trastornos. Esta información es importante para el tratamiento.

Diagnóstico: juego patológico

De acuerdo con el Manual Diagnóstico y Estadístico de Trastornos Mentales (DSM-IV), al menos cinco de los siguientes criterios deben aplicarse al diagnóstico de adicción al juego:

- Sigue pensando en el juego
- Aumentar sus apuestas para sentir la excitación deseada
- Sigue intentando sin éxito controlar o detener el juego
- Hace que tratar de salir del juego sea inquieto e irritable
- Jugar para distraerse de sus problemas y estado de ánimo negativo
- Continuar jugando incluso después de perder dinero
- Miente a otras personas para ocultar su problema con el juego.
- Actuar ilegalmente para continuar financiando sus juegos de azar.
- Poner en peligro o perder relaciones importantes, el trabajo u oportunidades futuras debido al juego

- Espera que otras personas les proporcionen dinero.

En Internet se ofrecen muchas pruebas que están destinadas a permitir una evaluación de la adicción. Sin embargo, una prueba de adicción al juego en línea nunca puede reemplazar el diagnóstico de un médico. Si sospecha de una adicción al juego, debe ponerse en contacto con un especialista.

Curso de la enfermedad y pronóstico

La adicción al juego es muy diferente de una persona a otra y también depende del género. A diferencia de las mujeres, los hombres ya corren un gran riesgo de volverse adictos al juego en la adolescencia.

Como regla general, la adicción es un proceso gradual. Al principio es solo un agradable pasatiempo. Sin embargo, el vínculo con el juego se va fortaleciendo. Con el tiempo, la adicción desarrolla una dinámica propia tan fuerte que el jugador pierde completamente el control sobre su comportamiento. Los tiempos de juego más prolongados y las apuestas más altas deben verse como señales claras de advertencia de adicción.

El pronóstico de la adicción al juego depende de la gravedad y las consecuencias de la adicción, las opciones de tratamiento y la motivación de la persona afectada. Si existen otras adicciones o trastornos mentales, esto dificulta la terapia. El apoyo de amigos y familiares, por otro lado, puede tener un impacto positivo en el desarrollo. En general, como ocurre con otras enfermedades, cuanto antes se trate la adicción al juego, mayores serán las posibilidades de superarla.

Resumen de los efectos adversos

Personal
Vergüenza y culpa
Depresión, ansiedad suicidio
Estrés
Pobre salud
Económico

Problemas de dinero
Deuda
Ruina económica

Relaciones
Conflictos
Separación/divorcio
Aislamiento social
Violencia

Trabajo
Rendimiento reducido
Ausencia

Derecho penal
Malversación de fondos, otros delitos de lucro
Violencia

Para la sociedad
Aumento del gasto (social y sanitario)
Productividad reducida

Una característica particularmente trágica es que si los adictos al juego tienen acceso a dinero que no es suyo, a menudo guardan en secreto sus solicitudes de préstamos. Esto no se detecta, y el préstamo solo debería durar hasta que la suerte cambie, pero nunca o casi nunca cambia.

Algunos ganan grandes premios, y la mayoría de nosotros nos quedamos pensando: ¿por qué no debería ser yo? Hay varios mecanismos que desencadenan y mantienen la adicción al juego. La más influyente es la victoria anticipada. La única forma que se piensa "ganar", es ganar de inmediato, renunciar de inmediato y quedarse con las ganancias. Y nadie lo hace, de los que ganan enseguida.

Pero cuando la ganancia rápida no llega, se cambia por "recuperación de las pérdidas", que se convierte en la principal razón por la que el juego continúa, la lucha por recuperar lo perdido. Esto se debe tanto a los problemas financieros como a la lucha por salvar una autoimagen dañada. El hombre también es un animal supersticioso y, a menudo, se entrega al pensamiento mágico. Se da cuenta de las circunstancias en las que ganó una buena victoria y trata de recrearlas: la forma en que presionó el botón, la ropa que usó, la hora del día en que ganó. La conclusión errónea del jugador es la creencia de que las coincidencias se nivelan a corto plazo, no solo a largo plazo.

Tratamiento

Se habla de modificar el comportamiento y hay muchas características comunes con el tratamiento de la adicción a las drogas. Por lo tanto, los terapeutas e investigadores sobre la adicción al juego a menudo se reclutan en el campo de las drogas. Pero hay que aprender algo, además. Muchos adictos al juego sienten, cuando llegan los recordatorios y los avisos de cobro de deudas, que no pueden hacer nada al respecto. No pueden pagar de todos modos, y luego simplemente lo dejan así, a veces dejan de abrir el correo. Luego hay algunas penalizaciones además de los intereses, por lo que es muy caro.

Aunque solo alrededor del 1 por ciento de la población de una sociedad moderna padezca de ludopatía, el trastorno se percibe como un problema importante desde la perspectiva de la salud pública.

Capítulo 7
Sexo y pornografía

Al principio, puede parecer extraño creer que el sexo puede convertirse en una adicción. Es una actividad biológica inherente, no una sustancia química consumida por el cuerpo.

Pero incluso cuando los embriagantes y las drogas pueden convertirse en un hábito, también lo pueden hacer las actividades naturales como comer y tener relaciones sexuales.

Estas acciones se vuelven problemáticas una vez que se utilizan como un medio para escapar de la angustia o el tedio, y cuando los comportamientos continúan se vuelven destructivos.

La adicción al sexo es una conducta que el paciente no puede controlar y afecta a su comportamiento sexual, provocándole dependencia y abstinencia. La adicción al sexo también se conoce como Trastorno Compulsivo Sexual.

Sobre esta adicción

A medida que las costumbres sexuales se modifican en nuestra cultura, y a medida que la pornografía y la práctica sexual, se vuelven cada vez más comunes, un millón de personas descubren que se dejan llevar por su comportamiento sexual. Se descubren involucrados en hábitos destructivos y malsanos, incapaces de detenerse. El desafío con la adicción al sexo es que, dado que el sexo es tan personal y privado; la gente es especialmente reacia a admitir sus batallas con él. Es fácil reírse de la adicción al sexo, pero es difícil de aceptar.

Las personas que se enfrentan a la adicción al sexo se encuentran con un obstáculo contrario a la recuperación de las drogas o las bebidas alcohólicas. Con las adicciones químicas, la recuperación es difícil, pero al menos la sobriedad es sencilla: la recuperación implica una abstinencia total del asunto. La adicción al sexo es más complicada. Siempre seremos personas sexuales y muchos adictos tendrán relaciones sexuales a lo largo de sus vidas. Entonces, la pregunta llega a ser: ¿qué constituye una actividad adictiva y tan diferente a una saludable?

Características

La hipersexualidad y la adicción al sexo se observan tanto en hombres como en mujeres. Se expresa por una necesidad ilimitada de tener relaciones sexuales que dominará todo lo demás en la vida de quien lo padece.

Ser adicto al sexo puede ser un gran problema. El adicto se preocupa tanto por lo sexual que puede asumir el control por completo en relación con la vida cotidiana. Descuida a su propia familia, en su entrega y en su consideración, para aumentar las posibilidades de tener relaciones sexuales. Lo mismo ocurre con su trabajo en muchos casos. Por lo tanto, si él o ella no puede controlar su sexualidad, realmente puede tener consecuencias para todos los aspectos de su vida.

Diferencia entre hipersexualidad y adicción al sexo

Aquel que está hipersexualizado, su enfoque y sus pensamientos siempre estarán en el sexo. Le dificulta concentrarse en cualquier otra cosa. Se masturba varias veces al día, ve mucha pornografía y tiene muchas parejas sexuales diferentes. Si tiene una relación estable, a menudo le resultará difícil no ser infiel porque no puede tener suficiente sexo con ella.

El adicto al sexo llega más al extremo. Al principio, le basta con ver pornografía normal y tener más sexo, pero gradualmente se hace adicto a ver porno salvaje y formas de sexo cada vez más bizarras. Se puede comparar con el alcohólico que comienza a beber cerveza, pero termina bebiendo alcohol puro.

Por otra parte, algunas enfermedades pueden hacer que se vuelva hipersexualizado. Estas pueden ser, por ejemplo, TDAH (Trastorno por Déficit de Atención e Hiperactividad), TOC (Trastorno Compulsivo Obsesivo), Trastorno Bipolar y Demencia. Si la persona ha tenido otra adicción en el pasado, como las drogas o el alcohol, esta adicción puede transferirse a la sexualidad.

Adicción al sexo en hombres y mujeres

Entre el 1 y el 3% de la población de una gran urbe padece adicción al sexo o hipersexualidad. Sin embargo, la forma en que comienza en hombres y mujeres es muy diferente.

En las mujeres, generalmente habrá un historial de agresión sexual u otras formas de actos por detrás. Este no es el caso de los hombres. Sin embargo, existen algunas características comunes para los dos géneros:

Los hombres que son hipersexuales o adictos al sexo a menudo se han familiarizado con el sexo temprano en la vida. Han comenzado a masturbarse antes de la pubertad, han comenzado a ver pornografía desde niños, y a tener relaciones sexuales a muy corta edad y a comprar productos sexuales, como revistas, muy temprano en sus vidas.

Además, muchos hombres adictos al sexo también tendrán una sexualidad que se encuentra en la zona gris o es desviada. Puede ser que les guste vestirse con ropa de mujer, exponerse, engañar a los demás o encender el sadomasoquismo.

Atacar la adicción sexual

Una visión es una imagen del tiempo futuro que nos empuja hacia adelante. Para los adictos al sexo, entre las muchas pérdidas asociadas con su adicción se encuentra la pérdida de la visión. Numerosos adictos están tan llenos de culpa que han perdido la esperanza de un futuro favorable. Es probable que su adicción haya producido caos en sus vidas.

En sus primeras fases, la recuperación de la adicción al sexo requiere elegir qué comportamientos quiere incluir una persona en su vida y qué acciones debe evitar.

Los adictos viven pasando de un lado a otro del anhelo adictivo, la mala conducta, el remordimiento y el auto-disgusto por su conducta. Cuando comienzan a romper ese ciclo, pueden comenzar el trabajo de autorreflexión que conduce a un cambio interno.

La visión de recuperación se trata de lo que se aporta, no simplemente de lo que se deduce. Entre los aspectos esenciales en la recuperación de la adicción está comprender con qué llenar la vida cuando se enfrenta al vacío que se produce al detener la conducta adictiva.

Como dice el refrán, "Es difícil decir que no hasta que comprendes lo que es el sí". Es difícil para un adicto abandonar los comportamientos sexuales que le han dado consuelo y entusiasmo a la vida sin tener la esperanza de que otras cosas adecuadas puedan satisfacer esas necesidades.

Lidiando con eso

Es posible que hayan perdido ocupaciones debido a su adicción o, de todos modos, hayan luchado con la disminución de la productividad. A medida que aumenta la adicción, consume cada vez más el tiempo de los adictos.

Por lo tanto, muchos involucrados pierden el contacto con los márgenes y los intereses que trajeron un equilibrio adecuado a la vida en el pasado. La vida parece cada vez más sombría y un futuro positivo cada vez más lejano.

La visión exige tiempo. Una visión de un futuro en forma es esencial para la recuperación, pero lleva tiempo desarrollarla. En las primeras etapas de la recuperación, las vidas de los adictos a menudo todavía están llenas del caos producido por su adicción, y sus cerebros están borrosos por la negación, la racionalización y la desesperanza.

La orientación futura de la recuperación temprana debe centrarse en la visión de una vida libre del poder del comportamiento sexual adictivo. Numerosos adictos han vivido tanto tiempo con su dependencia y lucharon con los intentos de abandonar sus comportamientos durante tanto tiempo que se han olvidado de la esperanza.

Se preguntan si vivir una vida sexualmente sobria es siquiera concebible para ellos. Pasar tiempo con otras personas que han experimentado la pelea y han salido del otro lado es útil en esta etapa.

Ver a otros adictos que han logrado la sobriedad a largo plazo infunde al comienzo una visión para un adicto, ya que empieza a pensar: "Si él/ella puede hacer esto, tal vez yo también pueda".

Asimismo, es esencial que los adictos dediquen tiempo a considerar formas adecuadas de experimentar la renovación. Con frecuencia, los adictos han perdido el contacto con las formas adecuadas de satisfacer sus necesidades.

A medida que avanza el tiempo y el adicto descubre la claridad emocional y espiritual que proviene de una sobriedad prolongada, su visión se vuelve más clara. El tiempo que se había pasado en la fantasía y la actuación ahora podría invertirse en formas que aprovechen los talentos y pasiones innatos en ellos.

Nuestro impulso sexual es, en su nivel más básico, un exhorto originario y apasionado. La recuperación de la adicción al sexo no exige reprimir este impulso, sino transferir su energía hacia otros intereses que pueden convertirse en salidas para el pensamiento creativo y la pasión.

El proceso de recuperación implica poner la misma cantidad de energía, pasión y creatividad en misiones adecuadas.

Claramente, el establecimiento de la visión, de la sobriedad y de la renovación personal, es más fácil de decir que de hacer, particularmente para los adictos que viven en entornos llenos de tentaciones para caer en viejos hábitos sexuales. La claridad y la determinación no son suficientes: Se tienen que hacer cambios en el entorno.

Tratamiento

Es importante que la persona afectada reciba tratamiento para la adicción al sexo lo antes posible. Por lo tanto, incluso si tiene duda sobre si es adicto al sexo, puede tener sentido buscar terapeutas para saber si esto es algo de lo que debe preocuparse.

En su mayor parte, el tratamiento consiste en entrevistas con psicólogos para ayudar a determinar el por qué hace lo que hace. En algunos casos, se trabaja con antidepresivos, ya que ayudan a estabilizar el estado de ánimo. En casos raros, puede ser castrado químicamente. Es solo un tratamiento que se usa si lo solicita el mismo interesado, y solo en casos muy extremos.

Pornografía

La adicción a la pornografía puede ser una forma de adicción al sexo. Puede ocurrir simultáneamente con la masturbación compulsiva, los cambios frecuentes de pareja o el uso del sexo remunerado (tanto de forma directa como del llamado "cibersexo" ofrecido en Internet).

¿Qué es la adicción a la pornografía?

La adicción a la pornografía se ha considerado una de las manifestaciones de la adicción al sexo hasta hace poco. Actualmente, la visión de que se trata de una adicción conductual autónoma que conduce a cambios permanentes en la psique del enfermo es cada vez más común. Es tan peligroso como la adicción a las sustancias químicas, y su tratamiento no puede ser menos complicado que tratar el alcoholismo o la adicción a las sustancias psicoactivas.

Según las últimas investigaciones, la pornografía es muy similar al consumo drogas prohibidas: la contraparte del proceso de incrementar las dosis de una droga es recurrir a la pornografía cada vez más obscena, vulgar y saturada de escenas de violencia, e incluso crueldad mental y física.

La adicción a la pornografía se manifiesta en la acumulación de imágenes y videos con contenido pornográfico y su visualización frecuente. Muy a menudo, la visualización de material pornográfico se combina con la masturbación. La persona adicta trata este tipo de comportamiento como una forma de aliviar la tensión, no solo sexual, sino también todo tipo de estrés relacionado con el trabajo, la escuela o los conflictos con otras personas.

Estos comportamientos no tienen por qué ser lo mismo que la adicción: el simple hecho de ver pornografía, o incluso inspirarse en ella, aún no es una enfermedad. Podemos hablar de adicción cuando la pornografía se convierte en un elemento indispensable de la vida cotidiana, cuando alcanzarla deja de ser una cuestión de elección y se convierte en una compulsión. Uno de los síntomas de la enfermedad es el descuido de los deberes debido a la pornografía y un fuerte remordimiento relacionado con la visualización de material pornográfico.

Si el desarrollo de la enfermedad no se interrumpe con una adecuada terapia para adictos al sexo y la pornografía, si la psicoterapia no se inicia, la percepción de la importancia del sexo, su papel en la vida humana y la consolidación de conductas sexuales patológicas, puede verse perturbada permanentemente. Esto es especialmente peligroso en el caso de los jóvenes, que a menudo utilizan la pornografía para dar forma a sus ideas sobre qué es el sexo y cuáles son los roles de la pareja durante las relaciones sexuales.

Pornografía vs amor romántico

En un primer análisis, los dos términos son incompatibles, debido a que un adicto al sexo y al porno no logra experimentar con su adicción, el mismo conjunto de sentimientos que componen el amor romántico, o sea: la fascinación por la otra persona (su personalidad, apariencia, timbre de voz, olor, etc.), la necesidad de cercanía y afecto, respeto espontáneo, disposición a asumir la responsabilidad de la pareja y disposición a entregarse a él (incluido el sacrificio de la vida).

El principal obstáculo en las relaciones íntimas con un adicto al porno es que intenta trasladar el comportamiento de los héroes de las imágenes y películas pornográficas a su propia vida erótica. En la pornografía, el papel de la mujer suele ser de cumplir los caprichos más promiscuos de los hombres. Por otro lado, los hombres deben estar dispuestos a tener relaciones sexuales cuando lo deseen. Las relaciones sexuales tienen poco que ver con la ternura y la intimidad, pero a menudo son muy agresivas. Intentar repetir los patrones de la película en la intimidad con la pareja (no adicta) puede terminar en decepción en el mejor de los casos, pero también sucede que los actos de violencia terminan al final.

Un adicto a la pornografía experimenta una fuerte frustración que resulta del choque de ideas poco realistas sobre los deseos, la fisiología y la anatomía de una pareja sexual con la realidad. Su efecto puede ser un escape y una entrada aún más profunda en la pornografía, buscando otra pareja sexual o sexo remunerado. Todos estos comportamientos generalmente terminan en la ruptura de la relaciones amorosas y sinceras.

Capítulo 8
Comida

La adicción a la comida es una situación en la que una persona desarrolla un apetito mayor del que consideraría deseable para el mantenimiento de su forma física, objetivamente referible a los valores de la tabla de pesos o incluso simplemente subjetivo. Generalmente, sin embargo, se entiende que está asociado con un sobrepeso objetivo o con un aumento progresivo de peso a lo largo de los años. Puede o no tener momentos de atracones. La preocupación por la comida y la incapacidad de controlarla empeora considerablemente. A esta preocupación se suman sentimientos de culpa, vergüenza, desesperación, baja autoestima, aislamiento, evasión o disminución de las conductas de actividad.

No todas las personas que tienen sobrepeso u obesidad están muy preocupadas y desanimadas por su forma física, y no todas suelen hacer dietas; así como algunos sujetos con bajo peso no son anoréxicos, pero están en equilibrio con su apetito, y no sufren por privaciones. Sin embargo, como regla general, quienes presentan conductas de privación o atracones recurrentes o crónicos casi siempre lo hacen como un signo de falta de control del apetito y, por lo tanto, están preocupados por el efecto sobre la aptitud física.

Cuando esta relación problemática con la comida y el apetito se vuelve continua, y dura años, se establece un cuadro de dependencia, generalmente, con un aumento de peso progresivo, quizás aún intercalado con períodos de control forzado o incluso una pérdida de peso significativa. Con el tiempo, la preocupación es mayor, el control empeora, el peso "moral" tiende a convertirse en central. Si, por el contrario, la persona, mientras aumenta de peso, se preocupa menos y sustancialmente ya no está obsesionada con el peso, no se define como adicta.

Otros términos para la adicción a la comida son trastorno por atracón, que sin embargo se refiere a la obesidad. La bulimia y el trastorno por atracón suelen ser fases o precursores. La obesidad, entendida como una enfermedad crónica, progresiva y recidivante, es una situación que muy a menudo se asocia a la adicción a la comida, que provoca sufrimiento mental en la persona, expresión de disfunción mental, además de tener diversas consecuencias corporales.

Cuando usamos el término adicción nos referimos a una enfermedad adquirida, es decir, no nacemos adictos, ni es una forma de decir que comemos mal o por las razones equivocadas. Significa que se desarrolla una relación que ya no se controla con la comida, pero que luego esta relación se vuelve autónoma, es decir, sigue por sí misma tal como se ha desarrollado, por lo que la recuperación del control es precisamente la parte que no tiene éxito.

El hecho de que la comida tenga o no un poder consolador es de poca importancia. Para una persona que está preocupada y angustiada por el control de peso, puede no ser reconfortante comer en sí mismo, incluso si se compara con cualquier otra cosa. Si, por tanto, este fuera el motivo, la persona se habría movido hacia otros consuelos, ya que esto produce un efecto no deseado sobre la forma corporal.

Factores psicológicos

La adicción a la comida se puede reconocer en dos frentes. El primero es lo importante, central y obsesivo que es para la persona la idea de la comida. El segundo es lo ineficaz que resultan los comportamientos alimentarios destinados a controlar el peso. Simplificando, se podría decir que el

número de dietas intentadas es la forma más fácil de
entenderlo. Así como muchas desintoxicaciones son un
criterio de diagnóstico para la adicción a las drogas, las dietas
fallidas son para la adicción a la comida. Es bueno
comprender que en realidad no se trata de intentos fallidos,
sino de señales de la necesidad de interrumpir un
mecanismo, que debe realizarse, en la mente del adicto a la
comida, rápidamente, prácticamente tan pronto como sea
posible, antes de que vuelva a tener hambre, por así decirlo.

La necesidad de dietas, la tendencia a hacerlas a menudo
(iniciarlas), a pensar en ellas aún más a menudo (de la
mañana a la noche), junto con la búsqueda de dietas rápidas
o drásticas, son expresión de una incapacidad para gestionar
la nutrición de forma natural.

La pérdida rápida de peso se convierte en la única forma
considerada efectiva, simplemente porque es una relación
distorsionada con la comida que, al menos temporalmente,
la persona es capaz de implementar: cuanto más la persona
no sea capaz de manejar la libertad de comer, más artificial
se ve, es decir, trata de evitar la libertad, que de hecho es
imposible. Para ello puede buscar contextos controlados,
albergues, periodos de alimentación limitada en centros
residenciales, que tengan el mismo significado, es decir,
confirmar que la persona no es libre de comer como quiera y
controlar los impulsos como quiera.

Diagnóstico

El diagnóstico no contrasta o es siempre diferente al resto de
categorías existentes. Indica un curso crónico, recidivante y
con tendencia a un aumento de peso progresivo, aunque no
siempre hasta niveles elevados.

En teoría, la anorexia también puede caer en la misma categoría, pero se distingue por una inversión de la relación habitual con la comida (hipercontrol de un instinto) y una satisfacción por la forma física, a pesar de la conciencia de la anomalía y el riesgo asociado.

Alimentos preferidos del adicto a la comida

El hecho de que un alimento sea adictivo se basa en las propiedades agradables y atrayentes que ejerce sobre el cerebro. Los alimentos que lo inducen son, por tanto, también normales. Es concebible, sin embargo, que existan alimentos equivalentes a drogas de abuso, y que por tanto logren inducir la pérdida de control en el mecanismo que regula el apetito. En otras palabras, ¿hay un alimento de "heroína"? Quizás. Seguramente, sin embargo, quienes luego se vuelven adictos a la comida no solo consumen ciertos alimentos, sino que tienden a consumir todo tipo de ellos, con predominio de alimentos con alto contenido calórico y carbohidratos o grasas, pero esto también es lo que ocurre en general en el hombre corriente.

Sin embargo, puede ser que ciertos alimentos induzcan una condición que de otra manera sería más rara. Los alimentos que están diseñados para ser buscados comercialmente pueden tener un componente en ellos que empuja a la persona a consumirlos, más allá de cualquier otra consideración, incluida la gastronómica. Es decir, se nos puede inducir a consumir un alimento, aunque al final no nos dé la satisfacción que creíamos.

Luego está la cuestión de la estimulación repetible. Un alimento que se puede dividir en múltiples unidades apetecibles, como las papas fritas, es más propenso al abuso que un alimento que solo tiene sentido si está en unidades grandes, como un corte de carne. Entonces, si en teoría comer una papa frita es "menos" que comer un filete para cortar, en realidad la papa eventualmente induce un consumo repetitivo. Lo mismo ocurre con los productos lácteos y los carbohidratos.

En raras ocasiones, hay personas que logran desviar el gusto hacia el consumo de alimentos bajos en calorías en grandes cantidades. Sin embargo, se trata de fases de adicción, en las que el control del peso puede ser mejor, pero en realidad persiste la sensación de precariedad.

Frustraciones en los adictos a la comida

El malestar no se puede definir o solo como un problema de obesidad, porque no siempre hay obesidad, y en ocasiones el sobrepeso es un grado modesto. También puede haber formas de peso normal o reducido, aunque en este caso es más probable que sea anorexia.

En general, la adicción a la comida está destinada con el tiempo a converger hacia un peso más o menos mayor que el peso promedio, pero la constante es la frustración de controlar el propio peso hacia el valor deseable, y todo lo que en la mente de la persona implica, muchas veces sobrestimado o incluso opuesto a lo que realmente sucede. En otras palabras, la preocupación predominante, o al menos la prioridad de la persona, es el control de peso, por lo que, si éste falla, toda la experiencia de vida se ve limitada o perturbada, hasta fases de aislamiento y desmoralización, actitudes auto lesivas o ideas de muerte motivada por la incapacidad de mantener una forma física considerada digna.

Decíamos que la frustración es la discrepancia, o la diferencia entre la importancia que se le da a la meta y la imposibilidad de cumplirla. No siempre hay correspondencia con la entidad: una persona que intenta en vano pesar 10 kilos menos, y otra que es obesa, pero que no tiene esta preocupación como problema central, puede esta última ser más infeliz.

La dieta de los adictos a la comida

En la fase de baja conciencia, la dieta se considera la solución ideal, correcta pero difícil. La frustración de no ser capaz de llevarla a cabo se mezcla con su malestar por su estado físico. Por lo tanto, se ve a sí mismo como un inepto, falto de voluntad, sin tomar en serio las reglas, desmotivado o perezoso. Por lo tanto, el adicto a la comida no se da cuenta, que después de haber probado 99 dietas, la dieta en sí misma es un síntoma del problema; pero cree que la dieta número 100 puede ser la buena. Para continuar en este camino ilusorio las cambia todas y, claro, con algunas se encontrará mejor o peor, pero solo en lo que respecta a la fase de adelgazamiento y mantenimiento a medio plazo. Sin embargo, el aumento de peso es el resultado final ya que no persevera con ningún plan definido a largo plazo.

El frustrado adicto a la comida, si bien no puede perder más de los primeros 2-3 kilos, insiste en que "está a dieta" o que "debe ponerse a dieta", pero en la práctica no lo hace, ni para a desistir a la más mínima tentación, ya que el mecanismo que produce un aumento del apetito con cada pérdida de peso imaginada o lograda está fuera de control.

En la práctica, con cada paso adelante, el adicto a la comida se siente autorizado a dar dos pasos atrás como "recompensa", y en esta etapa claramente el mecanismo del sacrificio ya no funciona, porque la privación se siente de una manera tan continua e insinuante que la persona soñaría con perder peso "mágicamente", diciéndose a sí mismo que esto debería deberse a una privación mínima, o saltarse comidas completamente compensadas por la siguiente comida, o cambiar las calorías de un alimento a otro.

La importancia del deporte

Cualquiera que esté satisfecho con el efecto que produce la actividad deportiva en su forma física, debe considerar que no es suficiente para convertir al hombre en un "animal deportivo", al contrario, el estilo de vida holgazán conquista y seduce incluso a quien es deportivo, y es poco probable que suceda lo contrario.

Además, se ha demostrado que cuando uno está a dieta y al mismo tiempo intenta aumentar el consumo a través de la actividad física, al final del período de prueba las personas pueden, en el mejor de los casos, lograr solo una de las dos cosas. O siguen una dieta o practican deportes. El doble esfuerzo, por supuesto, requiere un particular espíritu de sacrificio y, por tanto, es más raro, además de que no garantiza ningún resultado estable.

Terapias

Puede intentar cambiar tanto la preocupación por la comida como la parte vinculada a los atracones y la codicia. No existe ningún fármaco "apetito" que sea manejable como regulador "reductor" de una manera segura y estable. Se ha demostrado que los medicamentos para bajar de peso reduciendo continuamente el apetito son psíquicamente inseguros.

Algunos pueden inducir la pérdida de peso, pero esto no ocurre en todas las personas, a menudo más en las primeras etapas del tratamiento, y en las personas que lo toman por otros motivos y no para adelgazar. Tratar la bulimia no significa necesariamente perder peso. En el trastorno por atracón puede haber una reducción de peso, pero la dieta es excesiva incluso fuera de los atracones. El efecto es muy relativo.

Prevención

En la sociedad actual, significaría encarecer la comida o hacerla desagradable, y ninguna de las dos líneas es concebible en la actualidad. Paradójicamente, hemos llegado a contextos en los que es más fácil ganar peso que pasar hambre, a diferencia de otros casos en los que sigue ocurriendo lo contrario. Un neoyorquino sin hogar puede introducir un excedente de calorías con unos pocos dólares al día, mientras que un agricultor africano que trabaja todo el día puede no ser capaz de obtener una nutrición suficiente.

El organismo humano, que por un lado no sabe sobrevivir sin alimento, ni siquiera sabe evitar volverse obeso cuando es libre y abundante. No lo sabe a nivel metabólico, porque está predispuesto a acumular, pero no lo sabe sobre todo a nivel psíquico, porque no tiene función anti-apetito, si no saciedad, que está hecha para durar lo menos posible en presencia de comida y náuseas, que es un síntoma de enfermedad.

Cuestionario

Descubra si es adicto a las comidas respondiendo sinceramente las siguientes preguntas:

- ¿A menudo quiere dejar de comer, pero no lo hace?

- ¿Piensas constantemente en la comida o en cuál será su próxima comida?
- ¿Come diferente cuando está en casa y cuando sale con amigos?
- ¿Come grandes cantidades de alimentos en lugar de dividir las porciones en comidas pequeñas?
- ¿Come alimentos rápidos y de fácil acceso durante todo el día sin tener una comida básica que lo llene?
- ¿Se muere de hambre y limita drásticamente sus calorías en un intento por prevenir el aumento de peso?
- ¿Come a menudo cuando está aburrido y no cuando realmente tiene hambre?
- ¿Siente a menudo la necesidad de hacer ejercicio o entrenar más de lo normal para compensar la "mala nutrición"?
- ¿Se siente culpable o avergonzado después de una "mala comida"?
- ¿Ha probado diferentes programas y dietas para bajar de peso sin un éxito satisfactorio o duradero?
- ¿Se ajusta a la descripción de que ha perdido la esperanza y la pérdida de peso?

Si la mayoría de las respuestas es SI, es que tiene un problema entre sus manos.

Podemos volvernos adictos a la comida debido a que ciertos alimentos desencadenan señales en el cerebro, que hace que reaccione de manera similar a cuando se consume alcohol o bajo la influencia de drogas.

¿Se ha preguntado alguna vez por qué un fumador no puede dejar de fumar fácilmente, a pesar de cientos de advertencias y anuncios de que son dañinos?

Las drogas y el alcohol provocan alteraciones en el equilibrio químico normal del cerebro y, lamentablemente, los alimentos pueden tener un efecto similar.

Así es como funciona: nuestros cerebros están conectados para responder al mundo que nos rodea. Por ejemplo, cuando toca algo caliente, el cerebro envía una señal para que quite la mano para no quemarse.

En el caso de las drogas y la adicción a la comida, las señales de "sensación placentera" en forma de dopamina (un neurotransmisor responsable de enviar mensajes desde el cerebro a nuestros nervios) inundan nuestro cerebro, ya sea a través de la comida o las drogas.

El problema proviene de experimentar este proceso demasiado rápido y dejar un sentimiento de insatisfacción. Una vez que desaparece la gran afluencia de sensaciones agradables, permanecemos en una fase en la que se quiere más. Esta es la reacción que hace que los drogadictos no puedan darse por vencidos, y lo mismo ocurre con la adicción a la comida.

En el caso de la nutrición, podemos preguntarnos, ¿qué hace que la adicción a un alimento sea tan fácil?

¿Alguna vez ha intentado comer solo un trozo de chocolate y dejar los demás a un lado? Para muchos, esto es casi imposible.

Ya le citado muchos consejos para fortalecer la débil voluntad, y que un tratamiento a las adicciones en incorporar ejercicios o deportes. Si bien eso es lo adecuado, lo cierto es que no es suficiente, ya que la industria alimentaria invierte mucho en crear alimentos que provoquen adicción y ganas de consumirlos una y otra vez. Además, los alimentos poco saludables son los más accesibles y baratos, tienen un gran presupuesto publicitario y están constantemente frente a nuestros ojos.

La razón por la que muchos no pueden simplemente comer un dulce o una galleta y dejar el paquete a un lado, se debe en parte a los ingredientes que se les agregan. Algunos de estos ingredientes son glutamato monosódico, jarabe de maíz con alto contenido de fructosa, edulcorantes artificiales, azúcar agregada y otros.

Por lo general, tienen un efecto a corto plazo, pero aquí hay una lista de efectos secundarios:

- Dolor de cabeza
- Ligeros cambios de humor
- Entumecimiento
- Latidos acelerados del corazón
- Sueños extraños
- Ardor y opresión en el pecho
- Incluso síntomas similares a los del asma
- Todo esto es posible incluso con un pequeño paquete de chips.

Pero eso no es todo.

Los estudios en animales han demostrado que el glutamato monosódico puede aumentar el apetito hasta en un 40%. El mismo estudio afirma: "Las personas que consumen glutamato monosódico tienen tres veces más probabilidades de tener sobrepeso que aquellas que no consumen el ingrediente en absoluto".

El glutamato monosódico también es uno de los principales culpables de sentir que no se puede estar satisfecho con solo una pequeña porción de un alimento y necesita comer todo el paquete.

Este ingrediente confunde al cuerpo al suprimir la producción de la hormona leptina, que es responsable de enviar una señal al cerebro de que está lleno y no necesita más comida. El resultado final: no puede dejar de comer.

Este proceso puede convertirse fácilmente en un círculo vicioso, donde, cuanto más glutamato de sodio tome, más necesidad y dependencia puede desarrollar, ansiando los alimentos que lo contienen.

El glutamato monosódico no es el único ingrediente utilizado por la industria alimentaria y tiene propiedades similares. El jarabe de maíz con alto contenido de fructosa (JMAF) también es el culpable.

El principal problema del jarabe de maíz con alto contenido de fructosa proviene del hecho de que nuestro cuerpo no puede reconocerlo y no encuentra la forma de procesarlo, por lo que el resultado final es el almacenamiento en forma de grasa. En este estudio, se pueden encontrar otros efectos secundarios, como resultado de la incapacidad de nuestro cuerpo para procesar el jarabe de maíz modificado.

Tanto el glutamato como el jarabe modificado tienen la capacidad de aumentar los antojos de alimentos que contienen grasas.

Si estos dos ingredientes son aditivos alimentarios que los hacen más sabrosos, ¿qué pasa con los edulcorantes artificiales que hacen que los alimentos sean más dulces sin agregar calorías?

Cómo acabar con la adicción a la comida

1. No solo mire cuántas calorías contiene un alimento, lea la etiqueta de ingredientes y analice su composición. Hay ingredientes que contienen calorías mínimas o incluso cero calorías, pero tienen un efecto negativo comprobado tanto en la pérdida de peso como en la salud.
2. Omita o al menos evite las opciones que contengan cero calorías. Estos alimentos y bebidas contienen edulcorantes artificiales poco saludables que pueden tener un efecto más negativo incluso que sus alternativas calóricas.
3. Empiece a hacer reemplazos más saludables. Por ejemplo, si a menudo consume postres o papas fritas que contienen ingredientes poco saludables, intente buscar alternativas. Un ejemplo de cómo puede buscar alternativas a las papas fritas en YouTube o Google: "Papas fritas saludables caseras" en los motores de búsqueda. Aunque esta opción no contendrá ingredientes dañinos, aún debe practicar el control de las porciones y las calorías de acuerdo con sus objetivos.
4. No empiece el día con café aromatizado. Las opciones de café que son más asequibles suelen ser con azúcar agregada, edulcorantes artificiales e ingredientes adicionales poco saludables. Reemplazar el café aromatizado con té verde puro u otras alternativas puede tener un efecto beneficioso en el control del apetito a lo largo del día.
5. Evite el azúcar añadido. Trate de evitar alimentos y bebidas que contengan azúcar agregada. Por ejemplo, en el caso del cacao, consuma el "amargo".
6. Busque ayuda. Superar la adicción a la comida puede ser tan difícil como dejar el alcohol o las drogas. Numerosos intentos fallidos y tomar la dirección equivocada pierden la motivación y la fe de que puede

resolver el problema y es posible que necesite ayuda profesional. Cuanto antes aborde el problema y obtenga dicha ayuda, antes podrá comenzar a llevar un estilo de vida más saludable.

Ahora que sabe que la adicción a la comida es mucho más común, espero que reconsidere las decisiones que toma con más seriedad. Si come demasiados alimentos que contienen ingredientes como glutamato monosódico, jarabe de maíz con alto contenido de fructosa, edulcorantes artificiales, azúcar agregada y más, no solo corre el riesgo de ganar centímetros de cintura, sino también perjudicará su salud en general.

Concluyendo

Cuando un adicto ha llegado al valiente paso de elegir vencer su dependencia, se exige elegir un curso de tratamiento adecuado. Para la mayoría de las dependencias, existen numerosas alternativas disponibles y las opciones específicas pueden adaptarse a algunas más que a otras personas. Dado que el procedimiento de recuperación para vencer una dependencia puede ser un viaje prolongado, se sugiere que se intente una combinación de tratamiento, ya que tanto las perspectivas tangibles como las psicológicas deben abordarse por igual.

Todo está en sus manos, sólo debe elegir el día en que empezará el GRAN CAMBIO.

######